中華文化思想叢書

古代中國的歷史、思想與宗教

上冊

葛兆光　著

目次

自序

　　本書收錄的論文和評論，除了《眾妙之門》一篇是發表於十幾年前的舊文之外，其他的都發表於最近這些年。按照我對出版社編纂這套書意圖的理解，這部自選集，不應當是回顧自己的歷史學研究經歷、把它變成自己的學術傳記，而是應當向讀者介紹自己在歷史學領域有價值的研究，所以，我儘量選錄能反映目前自己所思所想的新論文，這些論文依照內容，大體可分四輯。

一

　　什麼是歷史學家應當關注的新問題？什麼是最歷史學界面臨的新困境？如今中國的學術研究，常常是處於論著生產的慣性之中，心安理得地、習慣性地製造著各種各樣的著作和論文，但是，不少論著常常只是使書店增加書架上的陳列，給書齋耗費堆放的空間，讓讀者浪費閱讀的時間。我在十年以前曾經說過，學術界最大的問題，就是沒有問題。沒有問題的歷史學研究，可能會生產出一些「量」卻沒法改變「質」。後現代主義常常用的一個詞「生產」，很形象地呈現了這種看似繁榮的學術風景背後的窘況。在《歷史學四題》中，我想說的是，歷史學家千萬不要滿足於「人生程朱之後，百法具備，只遵守他規矩做功夫，自不得有差，如吃現成飯」。其實，現在的中國歷史學，不只前有阻擋後有追兵，在現代與後現代之間很難找到平衡，就

連自己習以為常的「中國」這種研究空間，也已經遭到了來自區域史、征服王朝史、後現代歷史學的種種挑戰，而且在現在這個全球化和新傳媒時代，甚至連研究歷史的基本立場與基本形式，也需要重新審視。過去所謂「史學危機」，也許還是「狼來了」似的虛驚一場或自我警戒，但是，現在沒有人說「史學危機」的時候，也許腳下基石卻恰恰一點一點地被融蝕殆盡，以至於將來無立錐之地。

說到「危機」，前兩年曾經有過「中國哲學合法性危機」的話題，相當引人注目，還成了當年學術界的十大話題之一。有人說，這與我宣導思想史，尤其是一般知識、思想與信仰的歷史研究有關係。一些人覺得我的這些想法衝擊了中國哲學的存在基礎，其實，我並不是要否認中國哲學或中國哲學史研究的合法性，只是因為古代中國思想世界，並不太適合以西方的「哲學」以及「哲學史」來處理。這樣的哲學史，忽略了中國思想的歷史環境和政治刺激，缺少了歷史研究，這種思想過程就成了純粹思辨或者哲學的產物，就彷彿魚離開了水，成了乾枯的標本。可是，一些朋友對我有所質疑，因此，我便寫了《為什麼是思想史》這篇文章。以上是第一輯裏的兩篇短文，也許兩篇文章都不長，但我把它們置於卷首，是因為它們反映了我的一些基本想法。

二

《眾妙之門——北極、太一、太極與道》《作為思想史的古輿圖》《山海經、職貢圖和旅行記中的異域記憶——利瑪竇來華前後中國人想像異域的資源變化》以及《嚴昏曉之節——古代中國日夜秩序觀念的意味》四篇文章，討論的是古代中國人的天地觀念、異域想像和時間分配觀念，我把它們作為第二輯論文。我們研究的是歷史，但是歷

史既需要有時間也需要有空間，這四篇涉及的是歷史的時間和空間問題。之所以選入這四篇文章，還有一個原因是因為一般讀者可能不太容易找到它們。這裏的第一篇發表在1990年的《中國文化》第三輯，它討論的是古代中國作為神的「太一」、作為星辰的「北極」、作為終極概念的「太極」和「道」，可能有某種共通的來源，這種來源就是對天象的觀察和想像。古代中國對於自然的「天象」的觀察和體驗，可能是很多觀念的基礎，但是我們很多人在討論古代的「天」的時候，卻常常把它與頭頂的星空剝離開來，當作一個抽象的、遙遠的和神聖的東西。我寫這篇論文的時候，有關「太一」的種種考古發現均未面世。近年來，由於郭店楚簡《太一生水》、太一避兵戈等種種考古資料的發現，學術界對「太一」問題的研究已經有相當大的進展，不過現在看來，這篇舊文似乎還是有它的先見之明。第二篇討論各種古輿圖中不經意透露的那些思想觀念。我曾經寫過好幾篇從思想史角度討論地圖的文章，這一篇是最全面的，因為它綜合了前幾篇的各種想法。它原本發表在臺灣大學東亞研究中心所編的一本會議論文集裏，大陸的朋友未必那麼容易找到。而第三篇同樣發表在臺灣中國文哲研究所的一本書集中，它討論的是中國人關於異域的想像。古代中國對於外部世界的想像，並不都是一片虛妄，當然也不盡都是準確的事實，我在論文中想說明的是，來自歷史文獻、博物傳統和旅行記錄的各種資料，在古人心目中漸漸雜糅成一個外在於「中國」的「世界」，它往往支配了古代中國人的異國想像和國際觀念。可是，實際知識和觀念想像常常卻是分離的，精英知識和一般常識也常常是分離的，精確的知識不一定決定觀念，更不一定能改變常識。有時候常識世界很頑固，不管對於異域的實際知識已經多麼豐富，傳統的常識和觀念卻始終會支配大多數人的異域想像，決定他們的對外態度，直到有官方介人、教育改變，這種想像和態度才會消退和改變。至於《嚴

昏曉之節——古代中國日夜秩序觀念的意味》一篇，是發表在《臺大歷史學報》上的，它討論的是一個關於日夜分配的觀念問題：為什麼古人總覺得「夜聚曉散」就是作亂，為什麼古人覺得「晝伏夜出」就是壞人，在這種對於夜晚的想像中有什麼觀念背景，古代的官方和士紳為什麼要維護這種以農村生活為基礎的秩序，如何才能使民眾安於這種單調和呆板的生活節奏？在這篇文章中，其實，我處理的仍然是思想史的問題。

三

　　第三輯文章討論的是宋代以後思想史的一些話題。我們知道，唐宋變革是歷史學界的一個熱門話題，但是，這個由日本學者內藤湖南提出來的概念，雖然至今仍屹立不搖，但是我們必須明白，採用任何一種理論都是一種自我設限。唐宋變革論，一方面它把經濟、社會、政治、文化和思想捆綁在一起，彷彿諸多領域在「中古」和「近世」之間同步進退，另一方面它就像聚光燈照亮了一個焦點，讓人注意到部分問題，也黯淡了其他方面，讓人忽略了其他資料。因此，我寫了《「唐宋」抑或「宋明」》一文，用一個杜撰的詞彙「視域」，說明思想史和文化史雖然也承認唐宋變革，但也不妨把宋明作為一個時段，把考察的重心從發掘創造性新思想新文化，轉移到精英思想與上層文化的制度化、常識化和世俗化過程上來，這一想法背後，當然是我強調一般知識、思想與信仰世界的老調重彈。而另一篇《宋代中國意識的凸顯》則講的是一個有關「中國」的大問題。我總覺得，現在很多人誤用西方關於民族國家的理論來解釋中國，這是很麻煩的事情：第一，「近代」這一詞背後就是歐洲歷史，中國是否有類似的「近代」是很成問題的；第二，「民族國家」近代形成論，也是以歐洲經驗為

依據的，為什麼中國就一定也是在「近代」形成「民族國家」？宋代由於外在的遼、夏、金與蒙古的存在，有了勘界，有了國家意識，有了族群的認同，有了書寫正統歷史和抗拒異域文化的自覺等等，為什麼不是國家而只是所謂傳統的「帝國」或者「文化共同體」？這種拿西洋尺度對中國歷史截長續短的理論先行，為何可以在學界橫衝直撞，我一直百思不得其解。

另外三篇，兩篇與閱讀余英時新著《朱熹的歷史世界》有關。這部出色的著作重新提出了思想史研究的歷史場景問題。2003年我在臺灣大學教書的時候，曾經非常仔細地閱讀了這部著作，也瞭解了大陸、香港與臺灣學界的一些爭論和回應，覺得雙方各執己見，似乎應當有一個評斷，於是寫了這篇題為《拆了門檻就無內無外》的評論，後來回到北京，覺得意猶未盡，便應一個刊物的邀請，又寫了一篇小文，算是響應余英時關於思想史哲學史研究應當重新回轉到歷史場景的研究上的想法。而《一個普遍真理觀念的歷史旅行》一文，本來是在臺灣大學的一個講稿，主要是用這個例子來討論觀念史研究的，自己覺得還可以呈現給讀者，是因為我總覺得在思想史（inteuectual history）和觀念史（history of ideas）的研究方法上，好像還可以有一點兒小小的區分，這篇文章也許可以說明兩者的界劃在何處。

四

也許，過去的二十多年裏，我在禪宗史和道教史上花的精力是最多的，之所以我能夠涉足思想史領域，依仗的還是這些領域的知識基礎。我關於禪宗史和道教史最早的兩部書——《禪宗與中國文化》和《道教與中國文化》，雖然當年風行並譯成多種外文，現在卻已經過時而陳舊，只剩下了藉以觀察八十年代學術史的意義。不過，後來我

的大部分關於禪宗史和道教史的新論文，都收入了《中國禪思想史——從6世紀到9世紀》與《屈服史及其他——六朝隋唐道教的思想史研究》兩書中。所以，這裏收進來的只是兩篇新寫的論文，其中，《歷史、思想史、一般思想史》一篇試圖檢討過去自胡適以來中國和日本研究禪宗史的傳統思路，也根據我的體會提出一些新的方法。文章本來是應日本東京大學東洋文化研究所的朋友丘山新教授之約而寫的，後來中文本和日文本分別發表在《唐研究》和《東洋文化》上。2005年的1月，我到東京大學去訪問的時候，應丘山新教授的邀請，在他們的研究會上再講了一次中國禪宗研究的狀況。那次會上來的人很多，看得出來，他們對中國研究禪宗的新思路很有興趣。而另一篇《攀龍附鳳的追認》則借了評論日本學者的著作，重新討論唐代宗教派別的研究方法。記得在香港召開的一次會議上，有一個學者曾經很無理地當面批評中國學者，說中國研究宗教史常常就是人物、著作和派別三分天下，使得當時出席會議的中方學者很尷尬。我當時不是參加會議的代表，但是私下裏和一些朋友交換過意見，覺得這種批評當然很有成見之嫌，不過也確實切中要害。可是，就是在這個關於宗教派別研究的領域裏，我們還有很多想當然的前提或預設，沒有經過檢討。其實胡適、湯用彤等前輩已經多次講到這一點，只是沒有引起重視罷了。在這篇文章裏，我再一次提出很多佛教、道教的派別其實只是「攀龍附鳳的追認」，就是想用實例來重提舊話。

五

承蒙北京師範大學出版社的邀請，讓我編一本論文集，列入當代史學家文庫。猶豫了半年多，拖拖杳杳了幾個月，好容易編完之後，突然覺得有一些感想要說。

　　很多讀過我的論文或者專書的朋友，常常以為我是做了文學、宗教研究以後，才轉到歷史學領域裏來的，其實這是誤會。確實，雖然現在我人在歷史系，教的也是歷史學課程，但是在讀大學和研究生時代，我讀的是北京大學中文系。不過，那個時候的北京大學中文系分了三個專業，我所在的那個專業叫做「古典文獻」，是當時全國唯一的一個。現在想來，覺得很幸運，因為這個四年才招一屆，一屆只有20個學生的專業，只是強調古文獻的基礎，卻並不強迫我們按照西方現代的學科體制「專門化」為文學、史學或哲學的研究者。因為號稱「汗牛充棟」的古代中國文獻，並沒有這種分別，這在不知不覺中讓我避免了被學科分割的厄運。當然，這一專業的好處則是後來才漸漸體會到的。

　　剛讀大學的時候，因為自己年紀不小，也讀過一些書，專業裏有的老師覺得我不應當還像年輕同學一樣，按部就班地學習，所以讓我先自己讀《史記》。於是，拿著十冊點校本《史記》，一篇一篇地讀，連《天官書》《律書》也不放過，就連暑假裏回家也隨身帶了兩本。不只看《史記》，當時還看了一大堆《太史公行年考》《司馬遷年譜》之類的有關論著，還認認真真地寫了一些關於司馬遷生卒年考，《太史公自序》當為談、遷兩稿考，太史公遊歷考等等文字。這些寫在一個破舊筆記本上的札記，現在大概已經「屍骨無存」了，不過，閱讀《史記》卻引起了我對於歷史學的興趣。所以我接著順勢讀了《漢書》《後漢書》和部分《三國志》。大三的時候，在《北京大學學報》發表了讀《晉書》後討論晉代史學的論文，據說我是當時第一個在《北京大學學報》上發表學術論文的在校學生。當時還聽說，這篇文章能夠發表，與周一良先生的推薦有關，但是，直到周先生去世，我也沒有向周先生求證過這件事情。

　　很多學術興趣常常是被一些偶然的契機鼓動出來的。周一良先生

推薦我發表史學史的論文對我當然是一個激勵，而後來在北京師範大學史學研究所的《史學史研究》上陸續發表《杜佑與中唐史學》《宋官修國史考》《談史學史的編纂》等等論文，則是因為如今已故的劉乃和教授和現仍健在的朱仲玉教授的提攜，至今我在心裏仍然感激他們對一個初出茅廬者的信任。這使我在讀研究生期間仍然保持了對於中國史學史和思想史的濃厚興趣，接連發表了《從記紀的差異看中國史學對日本的影響》《關於徐無黨及＜五代史記注＞》《明清之間中國史學思潮的變遷》《明代中後期的三股史學思潮》等等論文，雖然後來我並沒有沿著這條學科之路繼續往下走。

有人說，一個人的學術風格和研究領域無論如何變化，他早年打的底子卻是一眼就可以看出來的，就像寫字一樣，從小臨的是王羲之還是柳公權，是褚遂良還是顏真卿，在行家眼裏洞若觀火。我不知道這是不是真的，不過，在那麼多年後，我自己反思自己的學術之路，總覺得得益於當年讀書時代：一是古文獻的訓練，因為我當年撰寫過有關古籍編纂、版本流傳與注釋得失方面的著作；二是史學史的研究，因為這種歷史編纂學、史學思想和歷史源流的知識，讓我始終對於傳統中國的歷史學有自己的瞭解、感悟和體驗。

2005年5月7日寫於藍旗營寓所

歷史學四題

　　最近的學界好像風波不定，究竟是真的要「大轉型」，還是只是「風過耳」，還要看以後的變化，現在下判斷還太早。但是，幾次討論新歷史理論的會議相繼召開，幾個新的歷史研究集刊出版，不少其他領域的學者介入史學研究，連歷史學者也有些異樣的議論，也許，這就是所謂「月暈而風，礎潤而雨」的徵兆罷？有這種徵兆，恐怕並不是壞事，倒可能促成「歷史學的自覺」。最近，我到上海參加了一次關於史學史和史學理論的會議，看了一些論文，聽了一些發言，有幾點感想提出來向大家請教。

一　後現代與現代之間，歷史學如何自處

　　自從1999年以後，學界有了關於《懷柔遠人》《白銀資本》的爭論以後，中國的歷史領域開始出現一些與過去不同的思路、方法和實踐，一系列後現代的歷史書翻譯過來，一系列具有後現代意味的歷史著作也開始出版。2001年，在香山召開了「我們需要什麼樣的新史學」會議，特意請了很多非歷史學家參加，而且這些學者在會上批評了歷史學界的固步自封，也有這種「更化」的意思在內，所以主題雖然是紀念《新史學》發表百年，但是意思好像是說，在梁任公的《新史學》的百年以後，要「新新史學」，這當然受到了當代西方學術的刺激和影響。這次在上海開會，由於請了著名的後現代歷史學理論家

海頓・懷特（Hayden White）出席，所以，這一話題也就成了中心之一。後現代和現代歷史學的立場差異或者說爭論焦點，大體上在以下三個方面：歷史等同於散文或小說嗎，歷史敘述的可能是事實還是只能是虛構？歷史敘述的多元與一元，歷史敘述還會有主流嗎？歷史是否遮蔽了什麼，如何看待「非常規歷史」？坦率地說，我並不完全同意後現代歷史學，這是因為中國社會也好，學術也好，文化也好，並不存在一個像西方那樣的、直線的、乾乾淨淨的「現代」，也無所謂有一個針對籠罩性的「現代」進行批判和挑戰的「後現代」，完全照搬西方的「後現代史學」來批判「現代史學」有一點像「郢書燕說」，把中國放在和西方一樣的歷史脈絡中了。但是，話又說回來，如果「郢書燕說」真的像古代那個故事一樣，能夠刺激歷史學的變化，那麼，我們怎樣去接受和理解他們的一些洞見？或者，我們是不是可以站在現代和後現代之間，「憑是弱水三千，我只取一瓢飲」。

二　「中國」可以成為歷史敘述的空間嗎

關於「中國」這一歷史敘述的基本空間，過去，外國的中國學界一直有爭論，即古代中國究竟是一個不斷變化的「文明──共同體」，還是從來就是一個邊界清楚、認同明確、傳統一貫的「民族──國家」？很多人並不像中國學者那樣，出於自然而簡單的感情和理由，把「中國」當作天經地義的歷史論述同一性空間（應當承認，這種以現代中國的政治領屬空間為歷史中國空間來研究歷史的習慣，當然是有一些問題的），所以，現在很多中外學者在進行古代中國歷史的研究和描述時，就曾經試圖以「民族」（如匈奴和漢帝國、蒙古和漢族、遼夏金和宋帝國）的觀察立場、「東亞」（朝鮮、日本與中國和越南）的觀察立場，以及「地方」（江南、中原、閩廣）的觀

察立場、「宗教」（佛教、回教）的觀察立場（當然，也包括臺灣目前的「同心圓」來瓦解「中國」的論述、日本近代以來流行的以「歐洲」為他者的「亞洲」論述）。這種研究和敘述立場，改變了過去只有「一個歷史」，而且是以「漢族中國」為「中國」的論述角度。但是，需要問的是，這種方法和立場本身，是否又過度放大了民族、宗教、地方歷史的差異性，或者過度小看了「中國」的文化同一性？因為它們也未必完全是根據歷史資料的判斷，有可能也是來自某種理論的後設觀察，比如現在流行的後殖民理論的套用，和所謂「想像共同體」理論的中國版。那麼，它背後的政治意識形態如何理解？特別是，作為中國學者，如何盡可能地在同情和瞭解這些立場之後，重建一個關於「中國」的歷史論述？

三 在學術或歷史研究中應當有中國意識、中國視角和中國立場嗎

上一點說的是研究對象中的「中國」（事實），這一點要說的是研究立場中的「中國」（意識）。現在，研究史學史的學者討論說，二十世紀甚至更早的中國歷史學中，已經有追求民族主義和建立族群認同的意識，這是很正常的，「為了證明我們是一個民族，一個國家，我們必須有一個自己的歷史」。這裏當然有意識形態的因素，但是，如果我們撇開這種意識形態，我們關於歷史論述的意識中間，是否也需要有中國視角和中國立場？我想，只有堅持這個視角和立場，你才能在西方強勢的學術話語世界裏面，「萬綠叢中一點紅」，讓人看得見你。所以，只有讓「歷史說漢語」，才能在普遍歷史中給「中國史」占一個座位，我以前講「缺席的中國」就是這個意思，因為我們的「歷史配額」好像太無足輕重了。現在，中國的學術界好像真的有一

些「基本（西洋）教義派」風靡的味道，好像要讓中國歷史學「進步」到和「西方」同一起跑線，以至於沒有了「中國」，現在歷史學界的跟風（東洋與西洋）潮流很盛，可是，我們中國的歷史學真的和現代科學技術一樣，和西方歷史學在同一跑道上嗎？我不反對借用西方理論和方法，但是，如果不考慮理論與方法的空間差異和立場差異，不經過當年佛教式的「格義」，直接挪移來應用是有危險的（比如所謂後殖民、發現東方、亞洲共同體、世界體系等等）。

四　如何重新建立敘述歷史的方式

最近，我特別關注教科書的編寫，這裏的道理很簡單，因為教科書是使一代一代人接受和理解歷史的起點，也是一代一代學者模仿歷史寫作的最初範本，它的影響太大，而且一旦它承負了某種意識形態，它可能使歷史學走向某個死胡同。從教科書聯想到普及讀物，我又有一個想法，就是呼籲「公眾歷史」。這個公眾歷史不是使歷史庸俗化，不是要歷史去媚俗，我以前講過，通俗不等於庸俗，淺近不等於淺薄，提倡「公眾歷史」目的是讓嚴肅的歷史學家明白，如何在傳媒和市場時代，讓歷史仍然保持它的影響力。

好久以來，我一直聽說這樣的事情，就是某些電視製作者、小說家、記者在擁有傳媒優勢以後，揚言要由他們來證明或者說明歷史，並且要靠他們來解決歷史難題。比如一個記者就說他發現了尼雅，一個小說家就自稱要重寫清史，一些電視劇就在讓公眾以為歷史真的就是某些宮廷故事。我們得承認，電視劇占有了讓公眾瞭解歷史的最大份額，就在今天，我還看到美國國家地理頻道和香港鳳凰衛視聯合攝製的《馬可・波羅重返中國》，還在宣稱要反駁馬可・波羅沒有來過中國的研究者（大概是吳芳思）。然而，要證明馬可・波羅來過中國

的，是一個日裔美國攝影師和中國的一個攝影記者，這讓我想起那個據說發現鄭和到過新大陸和澳洲的英國船長。但問題是，歷史學家不能僅僅保持學院式的矜持和傲慢，你得破門而出，把歷史寫得好看一些，這才能給公眾可靠的知識和理解。這一點，我們必須承認，像歐美一些研究中國的歷史學家，如史景遷的《王氏之死》《大汗之國》，像魏而思的《1688》，也包括黃仁宇的《萬曆十五年》等等，都寫得很有故事意味。而像近年來翻譯出版的西方人寫的歷史著作，如寫西方文化變遷的《從黎明到衰落》、寫聖經成為經典和影響文明的《聖經史》，都很注意採用針對一般讀者的普及寫法。人們熟悉勞倫斯・斯通（Lawrence Stone）的《敘事體的復興》，他抨擊西方史學界偏離了歷史學家的原始任務，他覺得歷史學家應當是講述故事的人。我在想，是否我們的歷史敘述，也已經忘記了我們的歷史應當講故事？所以，我總覺得，應當注意改變過去教科書、大眾歷史讀物的呆板僵化面孔，一方面把嚴肅的學術敘事故事化，不要讓人們對歷史產生冷冰冰的印象而遠離歷史，一方面注意編寫盡可能好看的普及讀物，不要總讓人們誤以為，那些電視、散文和小說確實是歷史。

為什麼是思想史

一　爭論的緣起

　　兩年多以前，我到比利時的魯汶大學訪問，在那裏曾經參加過一次小型的 seminar, 主題是「中國哲學和西方哲學」。當時，戴卡琳（Carine Defoort）教授給了我一篇她的英文論文。這篇論文顯然是寫給西方讀者看的，其中，她從一個研究古代中國哲學的學者的角度，對西方大學哲學課程中沒有中國哲學的做法進行批評。她說「當中國學者意識到，他們的祖先（在哲學大家庭中）只是一個被收養的孩子，甚至在一個世紀以後，西方哲學家還是不認同他們屬於這個大家庭的時候，我們的中國同行在更敏感的處境中，尋找他們自己，由於這一原因，他們中的一些人拒絕被哲學收養，並拒絕『哲學』這一命名」。這裏指的「他們中的一些人」顯然包括我和我的《中國思想史》在內。也許正是由於這樣一個原因，戴卡琳教授組織翻譯了我的《思想史》一些章節，在 Contemporary Chinese Thought（Vol. 33, 1-2, M.E. Sharpe, New York, 2002）上面用兩期的篇幅連載，並且在第二期的主編序言中專門針對我的觀點，討論「為什麼（不是哲學史而）是思想史」（Why a history of thought?）。

　　記得我當時就發表了一些看法，我表示儘管大體同意戴卡琳的這一見解，也感謝歐洲漢學家同情中國哲學的處境，但我並不是簡單地反對「中國哲學史」，這個問題並不那麼簡單，還有更深的思想史、

學術史和教育史背景。這些簡單回應，我曾經把它寫在日記上。當時
我正在寫《中國思想史》第二卷的後記，就順便把這個話題寫在《後
記》裏面。回國之後，意猶未盡，所以又寫了一篇《穿一件不合尺寸
的衣衫──關於中國哲學和儒教定義的爭論》。這篇文章的提要是這
樣的：「關於古代中國有沒有『哲學』，儒家是否算一個『宗教』，這
似乎已經成了整個二十世紀中國學術界爭論不休的問題。但是從根本
上來說，它卻是一個偽問題，因為它可能永遠沒有結論。但是，儘管
看上去是偽問題，背後卻隱藏有真實的歷史，因為關於學科制度、知
識分類、評價標準等等分歧背後，攜帶著太多的近代中國以來，思想
界和學術界關於融入世界與固守本位的複雜心情。」

不承想，這篇文章卻引起了一些麻煩。一些朋友並沒有想明白我
的意思，也沒有注意到最後面的「偽問題背後有真歷史」才是我要討
論的重心，看到「中國哲學」和「儒教」的字樣就很敏感，看到「偽
問題」三字就十分惱火，以為我的目的是在批評「中國哲學」和「儒
教」這兩個定義，甚至有人認為，這對「哲學」「中國哲學」的合法
性提出了質疑，要瓦解「中國哲學」的存在理由。我一貫的做法是不
參與爭論。我曾經在《中國思想史》第二卷《後記》中說過，論著發
表以後，它就是評頭論足的對象，作者沒有權力不讓人批評，也不能
說應當這樣批評而不能那樣批評，特別是人文學科，常常見仁見智，
所以，我想無論什麼意見，讚揚的、批評的甚至是挖苦諷刺的，都無
所謂，我也不願意回應。因而，在這裏我只是再次表達我關於這一問
題的正面看法，希望我在這裏能夠表達得比過去更清楚一些。

二　中國哲學，可以理解的心情與問題

我想，對於「中國哲學」合法性的懷疑，大可不必把它看成是對

中國哲學史學科的一種挑戰，其實它本身可能促進中國哲學史學科的一種自覺。我們知道，只有確立了「他者」（the other），才能清楚地確定「自我」（the self），當中國學者意識到「哲學」和「中國哲學」成為「問題」，那種本來被當作「天經地義」的預設才會有所改變。而那個天經地義的預設是什麼呢？就是世界上所有知識、思想與信仰，其歷史與內容都具有同一性。然而，這同一性卻通常是依西洋的瓢來畫中國的葫蘆的，因為西方有哲學，所以東方也一定有哲學，寫出哲學史來才能完成世界哲學大家庭的大團圓。

但是，西方哲學依然維持著對中國哲學的傲慢，戴卡琳教授的指責是對的。不過，說起來，西方哲學對於中國哲學的傲慢，一方面是現代西方對於東方的強勢話語的不自覺表現，一方面也是不自覺地為捍衛西方傳統「哲學」學科畛域畫地為牢。中國是否有「哲學」的話題，說起來確實有一些麻煩，對於西方來說，按照原來的定義，中國現在發掘的很多所謂哲學並不太像西方意義上的哲學，如果為收養中國哲學而放寬「哲學」的邊界，那麼西方是否會認同，認同之後又如何界定「哲學」？對於中國來說，如果仍然嚴格堅持西方意義上的哲學邊界，那麼所謂「中國哲學」是否要另謀出路，而不必在哲學大家庭裏面當「螟蛉之子」？正是在這個意義上，我們應當注意，當年胡適、傅斯年，包括金岳霖等等，為什麼要反覆指出中國的思想和西方的哲學之間有差異，而「『中國哲學』這個名稱就有這個困難問題」。金岳霖在馮友蘭《中國哲學史》的《審查報告》中說，先秦諸子討論的問題，是否是哲學問題，還是「寫中國哲學史先決的問題」，而現在的趨勢，卻是「把歐洲的哲學問題當作普通的哲學問題」，這在很長時間裏面仍然是難以解決的問題，但是，一直到現在，很多人還並不覺得這是問題。

其實，對於中國哲學、中國哲學史，在中國學術界一直是有一些

「從中」還是「從西」的兩難心情的。20世紀上半葉，在西洋大潮下，經過日本的轉手，進入中國的「哲學」一詞已經有相當影響，也給現代中國學術重新處理古代中國思想提供了一個很好的思路和框架，但是，要完全接受西洋哲學的標準來談中國思想，似乎也頗有些「方枘圓鑿」的尷尬。1918年，傅斯年給蔡元培寫信反對哲學算是文科，理由是西洋哲學以自然科學為基礎，而中國哲學以歷史為基礎，那麼中國哲學根本不算是哲學。十年以後，他更是直接說古代中國「本沒有所謂哲學」，只有「方術」，並且明確表示了對這種「沒有哲學」的健康的欣喜。1922年，章太炎講《國學概論》，也說「今姑且用『哲學』二字罷」，在「姑且」二字中，能看到他的一絲無奈。而梁啟超《中國歷史研究法補編》則把哲學史有意識地稱為「道術史」。連1903年翻譯過《哲學要領》的蔡元培，在1924年自己寫《簡易哲學綱要》的時候，也把哲學比作「道學」，但又無奈地強調「我國的哲學沒有科學作前提，永遠以『聖言量』為標準」，所以「我們現在要說哲學綱要，不能不完全採用歐洲學說」。最明顯的是胡適，他在1929年就明確地說到，他已經「決定不用《中國哲學史大綱》卷中的名稱了」。

應當看到，在某種意義上，中國哲學史的成立，不僅是接受西方學術強勢的影響，而且也是中國學者試圖回應西方學術，在自己的思想傳統中建構一個與「西方哲學」一樣歷史悠久的「哲學傳統」。隨著20世紀初大學教育制度的轉型和文史哲三分的學科建立，謝無量、鍾泰、胡適、馮友蘭寫出自己的哲學史，中國哲學史開始成立。因此我很同意並且同情中國哲學史成立背後的「歷史」，這個歷史是中國現代學術在「民族本位」與「世界大同」之間重新為中國的「傳統」與「思想」尋找位置的努力。也許從來源看各有不同，有的是試圖用傳統中國學案加上史傳體，配以哲學史的新名目，像鍾泰「以史傳之

體裁，述流略之旨趣」的似新實舊寫法；有的是挪用日本或西方哲學史的現成套數，比如謝無量對於哲學史想當然的草創之作，比如趙蘭坪用日本高瀨武次郎書為底本「略參己見」寫成的哲學史，比如劉侃元直接譯渡邊秀方的《中國哲學史概論》；有的是真正用了西洋思路與形式，像胡適「抽出純粹的哲學思想，編成系統」、馮友蘭在「中國歷史上各種學問中，將其可以西洋哲學名之者，選出而敘述之」，但是無論如何，隱隱約約地都可以看到他們這種心情。這種「拿西洋哲學的方法來整理中國自來學者的思想，前前後後加以貫穿」的做法，在很大程度上，目的就是蔣維喬所說的，試圖「成為一種『獨立』的『學』而能與西洋哲學對抗」。他在《中國哲學史綱要》的第一章裏批評了以前的種種哲學史，說有的是簡單的翻譯，有的只有半部，有的不像史而像傳，然後就追問：「如此下去，中國哲學還有獨立和他人對抗的希望嗎？」

能夠獨立和他人對抗，這是所謂的「學戰」，也是用「哲學」一詞，編撰中國哲學史的潛在心情。

三　首先是歷史的思想史

最後應當說到哲學史與思想史的問題。我想兩者當然應當並存，我並不認為哲學史應當取消。現在學科分類目錄上面，也同樣體現了這一事實：哲學史在哲學學科中，而思想史在歷史學科裏。不過，如果我們不理會這種人為的制度化的分類，只是從中國歷史文獻和資料中重新梳理中國思想傳統，我個人的看法，仍然認為哲學史基本上只是清理精英和經典中可以稱為「哲學」的東西，而思想史則可以較廣泛地容納一般知識、思想與信仰，能夠較多呈現社會生活和歷史進程中實際起作用的那些觀念。

　　順便說一段公案。1955年，胡適曾經在《美國歷史評論》（The American Historical Review）上發表英文書評，對馮友蘭的英文版《中國哲學史》提出批評，說它「只以不到九頁的篇幅來處理道教」，而且「對四百年禪宗的成長和發展，只提供了大略而不含評判的處理」，特別批評馮書是「以『正統』的中國觀點來寫的中國哲學史」。那麼，他說的馮書「正統觀」是什麼呢？據周質平《胡適與馮友蘭》一文介紹，一是說「『道』是由孔子拓展出來的，他是上古時期先聖遺緒偉大的傳承者」；二是說「『道』受到異端，如上古時期墨翟和楊朱，以及中古時期佛教和道教的蒙蔽和驅難」；三是說「『道』長時期的潛藏在經書之中，直到十一世紀開始的理學運動，才受到理學家的重新闡發」。這是胡適的一個情結。很早以前，胡適就不滿意馮書，1943年胡適就在日記中說馮思想保守、擁護集權，1950年1月5日又說馮的英文本哲學簡史「實在太糟了，我應該趕快把《中國思想史》寫完」，1955年1月24日，他又一次在日記中提到了這一點，說他在寫書評時，雖然想為馮書「說幾句好話，實在看不出有什麼好處」。

　　撇開胡、馮兩人的恩怨不說，我倒覺得，胡適的批評固然苛刻，但也有一定的道理。所謂「正統」就是圍繞精英和經典寫作，這是哲學史很難改變的思路和方法。馮友蘭在1931年回答胡適和素痴的質疑的時候，曾經這樣自我辯解說，有歷史家的哲學史，有哲學家的哲學史，他自己說自己不是歷史家。因此，對於馮書來說，就是以孔子和儒家、理學為歷史線索，因為那些「非正統」的也就是非精英和非經典的東西裏面，在馮友蘭看來，確實很少有能夠稱得上「哲學」的東西。儘管後來我們中國的哲學史已經放寬了尺度，降低了門檻，但是，至今的哲學史敘述仍然是以精英和經典為中心的，仍然在西洋哲學的尺寸和範圍內，「抽取」和「選擇」符合「哲學」的資料來敘

述。但是，我總覺得，在古代歷史和社會裏，真正成為指導政治和生活的那些古代中國知識、思想與信仰中，還有很多不能被「哲學史」所描述，那是一些「非正統」的東西，它們常常逃逸在哲學史的書寫之外。那麼，我們是否要用比較寬泛的、更有包容性的思想史來敘述呢？而那些導致思想與信仰發生的歷史背景，尤其是與思想相關的社會生活史，是否也需要思想史來描述呢？因為思想史首先是歷史，那種歷史的場景、語境和心情，是思想理解的重要背景。正如伯林（Isaiah Berlin）所說的，「思想史是人們的觀念與感受的歷史」，「觀念」可能可以被哲學史容納，但「感受」就不僅僅是精英的和經典的，也包括一般民眾的；不僅僅是理智思考的，也可能只是一種氣氛構成的思想背景；精英的和經典的文獻可能可以描述古代曾經有過的「哲理」，但是卻未必能描述哲理背後的「歷史」，可以表達人們的「觀念」，但是卻難以表現人們的「感受」。同樣，那些「正統」的、可以稱為「哲學」的東西，常常是懸浮在精英和經典世界中的，它們和實際社會生活中支配性的制度、習慣和常識之間，其實還有一段不小的距離。

眾妙之門
——北極、太一、太極與道

一　引言

　　我們這裏將討論北極、太一、道、太極等古代文獻中經常出現的概念。無須多作詮釋，人們都能明白，北極作為星名，又名北辰，現代天文學稱為小熊星座 β 星。據天文學史研究者們的考證推算，在公元前1097年，即西周初期它最靠近北極[1]，所以稱「北極星」，由於它可以指示農時，所以又稱「北辰」。太一，則是神名，《楚辭·九歌》中有《東皇太一》，宋玉《高唐賦》中亦有「禮太一」，似乎曾經是戰國時代某區域至高無上的主神。道，當然就是《老子》一開篇就鄭重拈出的「不可道」的終極本原。而太極，則是《易·繫辭》在闡發占筮之書《周易》的玄理時，提出來的一個帶有原初與終極意味的概念。

　　後世來源於現代西方的那種對各種概念進行分門別類研究的習慣，使人們往往不太關心分屬各個領域的概念之間的橫向聯繫，可是，中國古代思維卻使各種概念不斷突破「理性——邏輯」的分類畛域。比如上述分屬天文學、神話學、哲學、宗教學的北極、太一、道、太極，就在先秦兩漢的文獻中，常常可以互相替換和互相詮釋。《史記·天官書》云：「中宮天極星，其一明者，太一常居也。」所

1　參見陳遵媯：《中國天文學史》，第四章《三垣》，上海，上海人民出版社，1980。

謂「中宮天極星」即北極星，它是太一的住所，所以北極即可象徵太一[2]《春秋元命苞》就說「北者高也，極者藏也，言太一之星高居深藏，故名北極」[3]。而太一又恰恰是「道」的別稱，《呂氏春秋・仲夏紀》說：「道也者，至精也，不可為形，不可為名。強為之名，謂之太一。」又「萬物所出，造於太一」句下的高誘注也說，「太一，道也」。《易・繫辭》明明說「太極生兩儀」，可是《呂氏春秋・仲夏紀》裏將「太一」來代替「太極」，說「太一出兩儀」[4]，而《易・繫辭》「易有太極」一句，《經典釋文》引馬融又說是「北辰也」[5]，可見「太一」「太極」可以互訓，而太極與北辰之間又有很微妙的關係。於是，東漢張衡作《靈憲》便說：

> 《道志》之言曰：「有物渾成，先天地生」……斯謂天元，蓋乃道之實也。……天有兩儀，以舞道中，其可睹，樞星是也，謂之北極。[6]

這裏的「道志」分明就是老子《道德經》，而「道之實」即天元，分明就是居於天中央的北極，至於持「兩儀舞於道中」的不是太極就是太一，這樣，北極、太一、道與太極就貫穿成了一個循環的詮釋圈。

2　司馬遷：《史記》，中華書局標點本，卷二十七《天官書第五》，1289頁。以下引二十四史均用中華書局本。

3　杜預注，孔穎達疏：《春秋公羊傳注疏》，卷二十三昭公十七年疏引，《十三經注疏》，中華書局影印本，2324頁，北京，中華書局，1979。以下引《十三經注疏》均同此本。

4　以上均見呂不韋：《呂氏春秋》，《二十二子》影印本，卷五，642頁，上海，上海古籍出版社，1986。以下引《二十二子》均同此本。

5　王弼等注，孔穎達疏：《周易正義》，附《釋文》，《十三經注疏》，104頁。

6　《續漢書・天文上》劉昭補注引，《後漢書》，志第十，3215頁。

所以，後人也常常將這些語詞聯繫在一起，像唐代孔穎達疏《禮記‧月令》就說：

> 《老子》云：「道生一，一生二，二生三，三生萬物。」《易》云：「易有太極，是生兩儀。」《禮運》云：「禮必本於大一，分而為天地。」《易乾鑿度》云：「太極者，未見其氣，太初者，氣之始，太始者，形之始，太之素，質之始。」此四者同論天地之前及天地之始。[7]

而宋人羅泌《路史》前紀卷一開篇也說：

> 易有太極，是生兩儀；老氏謂有物渾成，先天地生，而蕩者遂有天地權威之說，夫太極者，太一也，是為太易。[8]

只不過由於時代久遠歲華變遷，人們忘記了其中的「北極」，雖然「北極」有可能是太一、道、太極這幾個後人心目中至關重要語詞的微妙之源。

這一現象提醒我們注意，中國古代的數術、想像、思想信仰等各種門類並不像現代人這樣分別得一清二楚，而往往可以互相越俎代庖以致混亂了它們各自的邊界，在一種感覺體驗而不是邏輯分別的層次上，彼此繫連比類，並在語詞上彼此互訓互釋。同時，在古代中國人心目中，這種語詞上互相訓釋的共通性，並非來自臆想而是來自對象，即語詞所指稱的事物實實在在的相似性，換句話說，即古人認為

7　鄭玄注，孔穎達疏：《禮記正義》，卷十四，《十三經注疏》，1352頁。
8　羅泌：《路史》，《四部叢刊》影印本，卷一。

北極、太一、道、太極,確實「源出於一」,而且都有相似的特徵。那麼,我們不禁就要追問:

北極、太一、道、太極這些現代看來分屬科學、神學、哲學等不同領域的概念,在古代中國人的思維裏究竟有什麼相似的特徵?

它們「源出於一」究竟是純粹玄想還是出自對宇宙的體驗?它究竟是荒唐無稽的想像還是出自清朗明晰的理智?

最後,這一顯然迴異於現代西方的思維成果,如何影響著中國文化的進程?

二 「北辰居其所而眾星共之」

關於北極星(北辰)在天文學上的意義,日人新城新藏《東洋天文學史研究》、錢寶琮《太一考》、陳遵媯《中國天文學史》等已有論述,我們這裏要說的是,北極這一天文學現象對古代中國哲學、神學思維的影響與啟迪。

天體在視覺中的運動,古人很早就注意到了。人在地球上生活,地球的自轉,使人們首先認識到「天道左旋」,即天體由東向西的運行,由於自轉是圍繞著北極──南極軸運轉的,因此,北半球的人很容易感覺到天體越往南,轉動幅度越大,越往北轉動幅度越小,而正北有一個基本不動的地方,天體上的其他星辰似乎都環繞著它運行,這個地方就是「北極」,當時最接近北極的小熊星座 β 星,就被當作北極的標誌,稱作「北極星」或「北辰」[9],《論語・為政》云「北辰居其所而眾星共之」,就是指這一現象。當然,實際上人們關心的是作為天地之軸即「天極」的那個處所而不是北極星本身,《朱子語

_____

9 郭璞注,邢昺疏:《爾雅注疏》,卷六《釋天第八》,《十三經注疏》,2609頁。

類》說得最明白：

> 北辰是那中間無星處，這些子不動，是天之樞紐，北辰無星，
> 緣人要經取此為極，不可無個記認，就其傍取一小星，謂之極
> 星，這是天之樞紐。

不過，這一認識畢竟是後人的卓見，至少在先秦及更早時代，人們還
是習慣於對於「極星」的具體記認，而不習慣對於「天極」的抽象設
立，因此，「北極星」以及標誌意味更為明顯的「北斗星」就被人注
意。有資料表明，殷商時代的人們就已經為北斗舉行了隆重的祀典，
甲骨卜中北斗作迕，如：

> 癸卯卜，貞，王賓皂，療，亡尤。
> 甲午卜，貞，□乙未，王□於武皂，□，王受（祐）。[10]

並且殷人已將北斗與王相聯，認為祀斗可以使「王受祐」[11]，而實為
戰國時作品的《尚書・堯典》中亦有「璇璣玉衡」之說。璇璣玉衡是
天之機關，掌天地時空安排，其中「璿璣」即中軸天極，《尚書大
傳》就說「璇璣謂之北極」，而「玉衡」即北斗，《春秋運斗樞》說是
「北斗七星也」。顯然，在古代中國人心目中，北斗首先成為天地中
央的標誌，就像戰國初期曾侯乙墓漆箱蓋上所畫的那樣，青龍白虎
（四象中的兩象）、二十八宿（赤道標誌星座）都環繞著它，而且北
斗還是指示天時節令的魔杖，就像《夏小正》《鶡冠子・環流》等文

---

10 分見《殷虛書契前編》，卷四，28頁、8頁。
11 參見章鴻釗：《中國古曆析疑》，第五章《殷祀北斗考》，52-59頁，北京，科學出版
　　社，1958

獻所記載的那樣，日、月、節氣、四季都要依斗柄的方位而定。因
此，北斗的任何異常現象都預兆著大的變化，尤其不可有異物侵入，
因為據《星經》說，「北斗為人君號令之主，出號施令，布政天下，
臨制四方」，所以，「慧星見於北斗，天下更改」[12]「慧孛入斗中，天
下改，主有大戮」[13]，又《春秋公羊傳》文公十四年記載：

> 秋七月，有星孛於北斗。孛者何？慧星也。其言入於北斗何？
> 北斗有中也。何以書？記異也。

隨著古代的人們對北極測定及認識的深入，相對位置更準確的北極星
逐漸成為「天極」的標誌。《周禮・考工記・匠人》載匠人主持建造
都城，「晝參諸日中之景，夜考之極星」[14]，這倒並不是後人毫無根據
地杜撰，而是來自古老的傳統。《詩・鄘風・定之方中》記載衛文公
於楚丘建新都，其首曰：

> 定之方中，作於楚宮，揆之以日，作於楚室。

毛傳云：「定，營室也，方中，昏正四方……揆，度也，日出日入而知
東西，南視定，北準極，以正南北。」[15]所謂「北準極」就是「夜考
之極星」，所以《晏子春秋・雜篇下》說：「古之立國者，南望南斗，
北載樞星。」[16]顯然，北極星已成了人們確定地面方位的準極[17]，正

---

12 參看瞿芸悉達：《唐開元占經》，中國書店影印本，卷九十，657-659頁，北京，中國
　書店出版社，1989。以下引《唐開元占經》均同此本。
13 甘德、石中：《甘石星經》，《古今圖書集成・庶微典》二十八「北斗」引。
14 鄭玄注，賈公彥疏：《周禮注疏》，卷四十一，《十三經注疏》，927頁。
15 鄭玄箋，孔穎達疏：《毛詩正義》，卷三之一，《十三經注疏》，315頁。
16 晏嬰：《晏子春秋》，《二十二子》影印本，卷六，575頁。
17 這種正四方謀劃主位的方法一直延續數千年之久，清代陳懋齡《經書算學天文考・

像《公羊傳》昭公十六年何休注所說，「北辰，北極，天之中也，常居其所。迷惑不知東西者，須視北辰以別心伐所在」[18]。同時，它也成了人們規範感覺中天體運行的標準圓心，四象（青龍、白虎、朱雀、玄武）及二十八宿的建立與設定，顯然都離不開這個圓心的存在，正如清人盛百二《尚書釋天》所說，「北辰為群動之宗，凡諸曜經度皆從北辰引出」[19]。

雖然屈原《天問》中「斡維繫焉，天極焉加」及《呂氏春秋·有始覽》中「極星與天俱遊而天極不移」，表明戰國時人們已經將抽象的天極與具體的極星分別開了，但人們似乎仍對作為「記認」的北極星報以極高的崇敬，且不說《九歌·東皇太一》對北極太一的特殊規格禮遇，就說《史記·天官書》以下，那戴到北極星頭上的桂冠也實在神聖——

中宮天極星，其一明者，太一常居也。[20]
帝，皇天大帝，在北辰之中，主總領天地五帝群神也。[21]
大中之道，在天為北辰，在地為人君。[22]
天皇大帝，北辰星也，含元秉陽，舒精吐光，居紫宮中，制馭中央。[23]

尚書堯典中星考》論正四方也仍然是兩種方法，一是視日出落以別東西，一是「夜審極星以正子位，子之對位即午中，即南方正中處也」，見阮元、王先謙：《清經解》，卷一三二八。

18 何休解詁，徐彥競：《春狄公羊傳注疏》，卷二十三，《十三經注疏》，2324頁。

19 阮元、王先謙：《清經解》，卷四八八。

20 司馬遷：《史記》，卷二十七《天官書第五》，1289頁。

21 何休解詁，徐彥疏：《春秋公羊傳注疏》，宣公三年何休注，《十三經注疏》，2278頁。

22 《續漢書·五行志》注引馬融，《後漢書》，志第十七，3341頁。

23 《初學記》卷二十六、《太平御覽》卷六八四引《春秋合誠圖》；緯書中此類記載極多，如《春秋文耀鉤》《詩含神霧》《孝經援神契》等均有。

稱號有「皇」有「帝」，又「總領天地」，又「制馭中央」，還與「人
君」對舉，當然是神界裏至高無上的主神，天體中獨一無二的領袖。

那麼，它為什麼受到如此高規格的崇敬呢？

首先應當指出的，自然是它居於天地中央的位置。從語源學角度
說，極，本義為棟，《說文》徐鍇注云，「極，屋脊之棟也」，棟高居
屋頂，為建築物的中軸，所以又指「高」與「中」。《廣雅‧釋詁》有
「極，高也」，又《釋言》有「極，中也」；段玉裁《說文解字注》亦
云，「凡至高至遠皆謂之極」，而《尚書‧洪範》偽孔傳訓「皇極」亦
云，「極，中也」。顯然，古人很早就意識到這一點，所謂「三代以上
人人皆知天文」[24]，夜觀天象的習慣使他們很容易察覺「北辰居其所
而眾星共之」，也很容易把北極星與北斗星想像為居中指揮天體運行
的「璇璣玉衡」。無論是「蓋天說」「渾天說」還是「宣夜說」，在人
們心目中，北極居於中央，其他日、月、星辰環繞中央運轉這一點都
是一致的，正如清人盛百二所說：「蓋璇璣之設，象天地之經緯，玉
衡之制，窺七政之運行，歷家雖有周髀、宣夜、渾天之異名，要皆與
璣衡相表裏也。[25]

「蓋天說」來源甚古，《周髀算經》卷上之一說：

> 方屬地，圓屬天，天圓地方。

這又見於《呂氏春秋‧序意》：「嘗學得黃帝之所以誨顓頊矣，曰：爰
有大圜在上，大矩在下，汝能法之，為民父母。」[26]《大戴禮記‧保

---

24 顧炎武《日知錄》中語，他說，「七月流火，農夫之辭也，三星在戶，婦人之語
   也，月離於畢，戍卒之作也，龍尾伏辰，兒童之謠也」，可見古人對星象的熟悉。
   這當然是因為天象與節令氣候有關的緣故。

25 盛百二：《尚書釋天》，見《清經解》，卷四八八。

26 呂不韋：《呂氏春秋》，《二十二子》影印本，卷十三，665頁。

傅》說，「古之為路車也，蓋圓以象天，二十八橑以象列星」，又同書
《曾子天圓》說，「參嘗聞之夫子曰：天道曰員，地道曰方」[27]，而
《楚辭·天問》那句著名的「圜則九重，孰營度之」，似乎也是從
「蓋天說」中產生的一個疑問。雖然有人已經懷疑「如天圓而地方，
則四角之不掩也」，但「蓋天」大概仍是戰國之前甚至以後人們最容
易接受的知識，而天圓地方的中心正是北極！這在《周髀算經》卷上
的《七衡圖》中可以得到證明，趙爽注《七衡圖》更明言，「北辰正
居天之中央，人所謂東西南北者，非有常處，各以日出之處為東，日
中為南，日入為西，日沒為北……我之所在，北辰之南，非天地之中
也。」[28]所以，漢代的桓譚也說：「北斗極，天樞，樞，天軸也，猶蓋
有保斗矣，蓋雖轉而保斗不移，天亦轉周匝，斗極常在，知為天之中
也。」[29]這正是依「蓋天說」而作出的結論。再看《論衡·談天》批
評鄒衍「方今天下在地東南」時，說「天極為天中，如方今天下在地
東南，視極當在西北，今天下在極南也，以極言之，不在東南」，他
的批評依據，也正是以北極為天中的理論，因為按照蓋天說的「天象
蓋笠，地法覆槃」八字綱領，天就像一個圓錐形斗笠，北極就在斗笠
正中，任何地方相對於它來說，都只能是「極南」。

　　「渾天說」晚於「蓋天說」，無疑比後者進步。據揚雄《法言·
重黎》，渾天理論是「落下閎營之，鮮于妄人度之，耿中丞象之」[30]，
其書已失傳，但它仍然不能不以北極為中樞軸心，西漢末揚雄受桓譚
的影響，作《難蓋天八事》，據「渾天說」駁「蓋天說」，曾質疑蓋天

27 王聘珍：《大戴禮記解詁》，卷三《保傅》、卷五《曾子天圓》，62頁、98頁，北京，
　 中華書局，1983。
28 看江曉原、謝筠譯注《周髀算經》的解釋，瀋陽，遼寧教育出版社，1996。
29 李昉等：《太平御覽》，中華書局影印本，卷二引，10頁，北京，中華書局，1985。
　 以下引《太平御覽》均同此本。
30 《法言·重黎》，見汪榮寶：《法言義疏》，北京，中華書局，1996。

說「北極為工槁轂，二十八宿為天橑輻」，不能解釋南北星的密度[31]，但東漢張衡撰《渾儀注》概括渾天理論，仍然要以北極為中軸，即「渾天如雞子。天體圓如彈丸，地如雞中黃，孤居於內，天大而地小……其兩端謂之南北極，北極乃天之正也。……天轉如車轂之運也，周旋無端」，而《靈憲》則進一步以北極星為樞心天元，說「天有兩儀，以舞道中，其可睹，樞星是也，謂之北極……一居中央，謂之北斗，動變挺占，實司王命，四布於方，為二十八宿。」[32]所以，楊泉《物理論》才說，儒家主渾天，《周髀》主蓋天，一像車輪，一像磨石，但都承認「斗極，天之中也」。[33]

「宣夜說」的時代很難測定，因為它「絕無師承」，從現存文獻看來，似乎它很遲才問世，因為持「宣夜說」有名有姓最早的人是東漢祕書郎郤萌，但從「郤萌記先師相傳」一句及「宣夜說」古樸粗陋面貌來推想，它似乎又來源甚古，所以有人一直追溯到莊子[34]。按《隋書》卷十九《天文上》所引「宣夜說」的先師說法，認為「天了無質，仰而瞻之，高遠無極，眼眥精絕，故蒼蒼然也……日月眾星自然浮生虛空之中」，它並進一步猜想，日月星辰由於「無所根系」，所以其行其止，只是「須（積）氣」，因而順逆出沒不常，但是，在這一片「或往或住，或順或逆，伏見無常，進退不同」的茫無秩序中，只有北極定居其中央——

---

31 魏徵等：《隋書‧天文志》引，此據張震澤：《揚雄集校注》，239-240頁，上海，上海古籍出版社，1990。

32 分別見於瞿曇悉達：《唐開元占經》卷一，3頁；《續漢書‧天文上》，《後漢書》志第十，3217頁。

33 轉引自列、教：《古微書》，卷二，見《緯書集成》，《四庫全書》影印本，139頁，上海，上海古籍出版社，1994。以下引《古微書》均同此本。

34 例如丁山：《中國古代宗教與神話考》，167頁，上海，上海文藝出版社，1988。

故辰極常居其所，而北斗不與眾星西沒也。[35]

其次應該指出的是，北極在古人心目中那種「以靜制動」與「從無生有」的意味。北極星雖然是天地之「中」不可替代的記認標誌，但古人通過觀測與體驗卻逐漸察覺這個偉大而神秘的「天極」，並非一個客觀的實在而是一個虛無的「點」；這個「點」雖然有空間位置卻不占有空間，所以，儘管它在經緯天地的意義上至關重要，但實際上卻是一個「無」；儘管它為人類確立了時空，使人不能不在它的時空秩序中生存，但它本身卻既無空間又無時間。屈原《天問》說，「斡維繫焉，天極焉加」，王逸注：「斡，轉也，維，綱也，言天晝夜轉旋，寧有維綱繫綴，其極安所加乎？」洪興祖注又說：「《說文》云：斡，轂端沓也。揚雄杜林云：輻車輪，斡也。」意思與《老子》的「當其無，有車之用」相似，即指天極運轉天體如車軸，但它卻並沒有任何實在的支撐點，這似乎可以證明古人已經察覺「天極」即宇宙中的「無」。同時，雖然北極是安排人間時間秩序的「璇璣」，但它本身卻在時間之外。《周髀算經》卷上說：「春分之日夜分以至秋分之日夜分，極下常有日光，秋分之日夜分以至春分之日夜分，極下常無日光。」趙爽注說：「北辰正居天中央……北辰之下，六月見日六月不見日……見日為晝，不見日為夜，所謂一歲者，即北辰之下一晝一夜。」這大概就是後世「天上一日乃地下一年」傳說的濫觴，所以，《周髀算經》的撰者把北極劃在人間世界之外，推想那裏「夏有不釋之冰」「冬有不死之草」「物有朝生暮獲」，完全在人世時間秩序之外。

我們在古代神話傳說中，也隱隱地窺見這一消息。《尚書緯》說，「天從上臨下八萬里，天以圓覆，地以方載」。而相傳，北極在天

---

35 魏徵等：《隋書》，卷十九《天文上》，507頁。

中最高處，而北極之下是地最高處，「天之中央高四旁六萬里」「極下者，其地高人所居六萬里」，這極下之高處，即大地中心，在正北處，一名「空同」，《經典釋文》說，「空同，司馬云：當北斗下山也」，一名為「崑崙」「北斗居天之中，當崑崙之上。」[36]而「空同」似乎即「空洞」，「空洞」即「無」的意思，《雲笈七籤》卷二引道君之言解釋「空洞即云：「元氣於渺莽之內，幽冥之外，生乎空洞，空洞之內，生乎太無……因洞而立無，因無而生有。」[37]而「崑崙」呢？據《太玄經》序首范注：「崑，渾也，播，淪也，天之象也」，就是萬物未生，天地未形時一片空無的混沌狀態[38]！顯而易見，人們在以自己的推想為「天極」與極下高地命名時，已經把自己的想像羼糅在那幾個看似隨意的詞語中去了，在「空同」「崑崙」這兩個詞下潛藏的，正是古人這樣一個神奇的想像：北極那裏是個「無」！而正是這個「無」，生出了「有」，正是這個既無時間又無空間的「極」，是時間和空間的起點，是化育陰陽、生孕萬物的起點。《春秋元命苞》說北極又名紫微宮──這種說法一直沿用至今──「紫之言此也，宮之言中也，言天神圖法，陰陽開閉，皆在此中也」[39]，這雖然有些望文生義的嫌疑，但帛書本《十大經》中一段話，卻證明這一想法曾普遍流傳，尤為黃帝之學所信奉：

---

36 如王明：《太平經合校》，卷一〇「中極一名崑崙」，北京，中華書局，1980；王嘉：《拾遺記》，221頁「崑崙山者，西方曰須彌山，對七星之下，出碧海之中，北京，中華書局，1981；《古微書》，卷三十二《河圖括地象》「地中央曰崑崙，崑崙東南，地方五千里名曰神州」，見《緯書集成》，351頁。

37 張君房：《雲及七籤》，齊魯書社影印本，卷二，6頁中，濟南，齊魯書社，1988。

38 揚雄：《太玄》，《四庫全書》影印本，1頁。

39 《周禮‧大宗伯》疏、《文選‧西都賦》注，《史記‧天官書》索隱等均引有此段。此據《古微書》卷七引，見《緯書集成》，185頁、399頁。

　　夫天有斡，地有恆常，合□□常，是以有晦有明，有陰有陽。

然而「斡」即「北極」，卻沒有晦明晝夜，所以黃帝說那個宇宙之根是「無晦無明，未有陰陽，吾未以有名」，而恰恰從那裏起步，混合斡常，天地才「判為兩，分為陰陽，離為四時」，無中才出了有。

　　最後應該指出的，是由於「斗極・天之中」那種獨一無二地位而具有的經天緯地、安排時空的意義。在前面我們曾引《周禮・考工記・匠人》與《詩・鄘風・定之方中》論及極星在測定地面方位時的意義，這裏我們將進一步論述北極在測定視覺天體時的作用。雖然日出日落、月出月落是天體中最明顯的標誌，但太陽的起落方位，卻是隨季節變化而南北挪移，月亮的出沒又是隨晦朔不同而出現時間變異的，所以，它們仍不是最佳標誌。而且日、月以及其他星辰都在不停地運轉變動，空間位置總是在挪移之中，所以它們仍不是最佳基點。「天道左旋」，唯有北極及其傍的北斗星始終在恒見圈內，而北極又始終不移地穩定在一點上，所以要確定天體星辰的空間位置，就必須以「極」為中心基點，才能給出其在天上的確定方位。也就是說，在星辰普遍的無序狀態中，唯有確定它們與北極的距離，才能使無序變成有序，而日月星辰與北極的距離就叫「去極度」。《周髀算經》卷下不僅有「日在極東，東方日中，西方夜半；日在極南，南方日中，北方夜半……」這種日繞極樞的記載，有冬至、夏至太陽距離極下遠近的測算，還有「天之中去周十萬三千里」的估算；《漢書・天文志》中不僅有對天極的詳細記載，還有「黃道北至東井，去北極近，南至牽牛，去北極遠，東至角，西至婁，去極中」這樣對黃道的描述。而二十八宿的設立，顯然也必須由其去北極度即距離大約相等而確定，不可能隨心所欲而不顧二十八宿綴聯軌跡的均衡[40]。去極度對於二十

---

40 錢寶琮《論二十八宿之來歷》曾考定二十八宿體系約在春秋時期已確立，那麼，對

八宿的設立，正如距離圓心等距的半徑之於圓周，所以傳中所謂「燧
人氏觀斗極而定方名」是有道理的[41]。要定四方就必須先定中心，在
天體上劃出等分與圓周更是如此，這就難怪《尚書·堯典》說到天時
就首先要提「璇璣玉衡」，而清人盛百二《尚書釋天》解釋《尚書》
時要強調「北辰為群動之宗，凡諸曜經度皆從北辰引出」了。李約瑟
博士在其所著《中國之科學與文明》中有一段話說得很有道理，他比
較了古代中國與古代埃及的天文學後指出：

> （與埃及相反）夜間觀測法乃為古中國人所採用的，他們所注
> 意的並非日出與日沒，亦非地平面，而注意於極星和永不沒入
> 地平面下的拱極星，因此，他們的天文體系是與子午圈的概念
> 有密切關係……因此，「極」為中國天文學的基本依據。[42]

僅僅說北極是經天緯地的基點，當然還不足以顯示北極在人們心中的
神聖意義，應該說，北極與北斗是空間的劃分基準，還是時間的劃分
基準，它是確定一日之始的標誌：

> 用昏建者杓……夜半建者衡……平旦建者魁。[43]

極星與去極遠近的觀念也應當早已有之，見《思想與時代》，第四十三期；近日承
李學勤先生見告，他在國外曾見一周初的青銅器上有二十八宿，那麼二十八宿體系
的成立就更早了；而《文物》1990年第3期載馮時《河南濮陽西水坡45號墓的天文
學研究》一文更指出，墓中蚌殼所堆成的是龍虎及北斗等天文圖像，如此說來，中
國古人對天體的認識就更早了。

41 王希明：《太一金鏡經》，見宋高承撰：《事物紀原》，卷一，2頁，北京，中華書
局，1989。

42 〔英〕李約瑟：《中國之科學與文明》，中譯本，第五冊，83-84頁，臺北，商務印書
館，1975。以下引《中國之科學與文明》均同此本。

43 司馬遷：《史記》，卷二十七《天官書》，1291頁。

又是指示節氣的標誌：

> 大寒後十五日，斗指東北維，為立春，立春後十五日，斗指
> 寅，為雨水……大雪後十五日，斗指子，為冬至。[44]

又是指本月份的標誌：

> 正月……初昏……斗柄懸在下，……，六月初昏，斗柄在
> 上……七月……斗柄懸在下，則旦。[45]
> 帝張四維，運之以斗，（北斗）月徙一辰，復返其所，正月指
> 寅，十二月指丑，一歲而匝，終而復始。[46]

還是指示季節的標誌：

> 斗柄東指，天下皆春，斗柄南指，天下皆夏，斗柄西指，天下
> 皆秋，斗柄北指，天下皆冬。[47]

所以古人稱北斗為「玉衡」，為「天之喉舌」，但這北斗在古人看來又
不過是北極用來指示時間空間的工具，《史記‧天官書》說：「斗為帝
車，運於中央，臨制四鄉，分陰陽，建四時，均五行，移節度，定諸
紀。」《淮南子‧天文》更說：「紫宮者，太一之居也……紫宮執斗而

---

44 《孝經援神契》，見《古微書》，卷二十七，《緯書集成》，318頁。
45 見王聘珍：《大戴禮記解詁》，卷二，北京，中華書局，1983。
46 劉文典：《淮南鴻烈集解》，卷三，110頁，北京，中華書局，1989。以下引《淮南鴻
　　烈集解》均同此本。
47 《鶡冠子》，卷上，環流第五。

左旋，日行一度，以周於天……反覆三百六十五度四分度之一而成一歲，天一元始。」[48]至於「帝」與北極的關係請參見下一節，所以，還要說：

> 推天時，順斗極。[49]

李賢注曰「極，謂北極星」，無疑，斗就是北斗星了。關於天時，古人相信，是要由北極和它的「玉衡」北斗來安排的。請看漢代的兩件實物，一個是「法象天地鏡」，這面銅鏡背面的圖案象徵「天圓地方」，內圈銘文為計算時間的地支「子、丑、寅、卯……」而外圈銘文為象徵四方方位的四象「左龍右虎闢不羊（祥），昭（朱）爵（雀）玄武利陰陽……」那麼，在中央手握之處，「治中央」而安排時間的，不是北極又是什麼？另一個是式盤。1977年安徽阜陽汝陰侯墓，1972年甘肅武威磨咀子漢墓均出土過這種「六壬式盤」。式盤有天盤、地盤，天盤周圍刻了八干四維、十二支、二十八宿，有的還刻了節氣、時辰及吉凶字樣。它是古人用於占驗的工具，即《淮南子・天文》中「堪輿行雄以知雌」、《周禮・大宗伯》鄭玄注「抱式以知天時」的「堪輿」及「式」，它周圍所刻的月份、干支、四維、二十八宿，顯然象徵了天地，而它的中心，即最重要的，用以旋轉指示吉凶的中央部位，也正是北斗七星及北極帝星。

居於宇宙之中，靜默虛無，卻牢籠天地，經緯四時的北極，它一定在古人那裏引發了強烈的好奇心與神秘感，因此，對宇宙的敬畏與對自然模擬的心理習慣，便使古人對北極以及北極為中心的天體由崇

---

48 劉文典：《淮南鴻烈集解》，卷三，94-95頁。

49 范曄：《後漢書》，卷八十上《文苑杜篤傳》，2579頁。

敬而仿傚，由仿傚而想像，創造出各種對應物來。《周禮》中有保章氏、馮相氏，按《月令》孔疏的說法，「馮相氏主日月五星，年氣節候，推步遲疾」，而「保章氏守天之文章，謂天文違變，應數失其恒次，妖孽所在，吉凶所生」，用現代話說，就是一主「科學」一主「巫術」。這兩個職官古代是否確實存在還很難說，不過這兩種職官的設立，倒是吻合古人觀測天象時的兩套思路。但這兩套思路並沒有像職官的責任那樣，在人們頭腦中各司其職，卻像後來歷代掌管天文的官吏一樣觀象授時又兼司災異占筮，在思維中揉成一團。特別是對北極這樣一個既不能直接觀測，又沒有時空位置，永恆不動又高懸中天的天文現象，他們只有懷著神秘與敬畏的心情去想像與體驗，體驗的結果或許會哲理化、抽象化，但想像的下一步無疑是神化，於是，北極便漸漸有了一個象徵它的神名──太一。

三　「萬物所出，造於太一」

　　治古神話的學者曾囿於一種來自異邦的啟迪，把「太一」解釋為「日神」，以為中國古代也有類似的太陽神崇拜。這種看似維護人類大團結的研究方法，其實恰恰犯了人類文化起源一元論的毛病，況且它必須削足適履地將許多文獻與文物資料進行「改造性詮釋」。古代人對天的崇拜與神話必須來自他們對天體的認識與感受，中國古代人心目中的天文意識是否與異域那些以太陽為主神的民族一樣，實在是值得懷疑的。因此，我們毋寧相信「北極即太一」「太一是中國古代宇宙神話主神」這種見解，因為無論從語源學的分析上、古代神話結構的破譯上，還是傳統的文獻資料的句輯考訂上，我們都只能得出一個結論。

　　「太一」一詞始見於《楚辭・九歌・東皇太一》。「太」或作

「泰」或作「大」，都是大的意思，《廣雅・釋詁》云，「太，大也」，《說文・水部》「泰」字下有古文쌈，段玉裁注認為即「太」字，說「後世凡言大而形容未盡則作太」，像山之高者稱「泰山」，廟之大者稱「泰廟」，壇之尊者稱「泰壇」，所以太一即大一之意。《禮記・禮運》載「夫禮必本於大一」，孔穎達解釋時就說，「極大曰天，未分為一」，前句釋「大」即「太」字時有意顛倒文例，實際上是以「天」釋「大」，意謂大一為大天之「一」，所以，古書中也常有將太一稱為「天一」的例子，如《史記・封禪書》索隱引宋均曰：「天一，太一，北極神之別名。」「一」，依《說文》，乃「惟初太極，道立於一，造分天地，化成萬物」，無疑是獨一無二、至玄至樸的宇宙本原。《韓非子・揚權》曰：「道無雙，故曰一。」太陽屬陽，月亮屬陰，均為混沌已死，陰陽已判之後的產物，可以成雙成對，又可以東升西墮，絕不可能享有獨一無二的「一」之名。《易繫辭下》云：「天下之動，貞夫一者也。」孔疏「皆正乎純一也」，《莊子・天地》「一之所起，有一而無形」，成玄英疏「一，應道也」，顯然是指天地萬事萬物的運行，必以「一」為中心，因而「一」具有原初、開端與創生的意味。正像《鬼谷子・外篇》所說的，「道者，天地之始，一其紀也」，《列子・天瑞》說的「一者形變之始也」，《淮南子・詮言》說的「一也者，萬物之本也」，《太平經》說的「一者數之始也」。那麼，「太一」的名號，自然應該屬於古人心目中那個擁有時間上的原初性、空間上廣袤性及地位上的唯一性的神祇象徵物。

這只能是北極，只能是《史記・天官書》中所說「太一常居」的「中宮天極星」！前一節中我說過，北極在古人心目中位於天地中央，天體像圓，在一個圓中，無論任何一處你都可能找出對稱點來，地體似矩，在一個方形裏，無論任何一處你也可以找出對稱點來，唯有處於中央的那一點是獨一無二的。北極正在中央，所以正合《鶡冠

子・泰鴻》所謂的「中央者，太一之位，百神抑制焉」，而它作為天穹上唯一不動之處，以靜制動，運轉萬象，執璇璣布玉衡，經天緯地，安排時令，於是又正合《春秋合誠圖》所謂的「天皇大帝，北辰星也，含元秉陽，舒精吐光，居紫宮中，制馭四方」[50]。它在天地之中的位置及樞紐軸心作用，又使古人感到它似乎正是宇宙神秘的源頭，因為只有這一點你分不出東南西北，分不出陰陽動靜來，也只有這樣一處是劃分四方陰陽的基點。所以，人們感到它好像是中央化生陰陽天地四象萬物的起點，一切奧秘似乎都是從這個幽冥玄秘處生成，於是又正合《呂氏春秋》所謂的「萬物所出，造於太一」。正因為如此，信奉「泰皇」即太一的秦始皇修渭南神宮時要「命信（神）宮為極宮，象天極」，並「自阿房渡渭，屬之咸陽，以象天極閣道」，其間緣由正在於「泰皇」（太一）即北極（天極）[51]。

　　從古神話結構上來看，有人認為中國古代神話缺乏系統，多為支離片斷資料，偏偏唯一完整地保存了宇宙神祇譜系的《九歌》便以「太一」為首。《九歌》首列「東皇太一」，下列兩個相對的天神地祇各四：

東東君、雲中君、大司命、少司命——天神
皇（日神）（雲神）　　　（星神）
太
一河伯、山鬼、湘君、湘夫人——地祇
　（河神）（山神）　　　（水神）

---

50 《初學記》，卷二十六，見李昉等：《太平御覽》，卷六八四引。

51 司馬遷：《史記・秦始皇本紀》始皇二十七年、三十五年，司馬貞《索隱》云：「為宮廟象天極，故曰極廟，《天官書》曰『中宮曰天極』是也。」

那麼，統領這天地神鬼的「太一」，被稱作「上皇」的萬神之主，也
只能是位於天地中央的「皇天大帝」，即「在北辰之中，主總領天地
五帝群神」的帝星北極！也許有人會懷疑，漢代崇祀的「太一」即北
極，與《楚辭・九歌》所崇祭的「東皇太一」並非一神，其實這種懷
疑並無必要。《楚辭》類樂歌由楚入漢，均有歌詠「太一」詞句，於
「太一」並無分別，如「駕太一之象輿」「望太一兮淹息」「太一為余
聽之」「登太一兮玉臺」，分見於《惜誦》《九懷》《九歎》《九思》，與
《九歌》的「東皇太一」自應是一神。而漢代承襲秦代祀泰皇，建太
一壇，祭祀樂歌中的《惟泰玄》云，「經緯天地，化成四時，精建日
月，星辰度理，陰陽五行，周而復始」，所稱讚的正是《淮南子・本
經》中能「牢籠天地，彈壓山川，含吐陰陽，伸曳四時，紀綱八極，
經緯六合，的太一。[52]另一首《天地》中更說：

> 千童羅舞成八溢（疑作「佾」），合好效歡虞泰一，《九歌》畢
> 奏斐然殊，鳴琴竽瑟會軒朱。[53]

這裏以「泰一」與《九歌》並提，則漢代的北極神太一不是《九歌》
裏的東皇太一又是什麼？祀太一是在夜間，《太平御覽》卷五七二引
王逸《九歌序》云，「於夜必作樂鼓舞以樂諸神」[54]，《史記・樂書》
也記載祀太一時「以昏時夜祠，到明而終」，顏師古注《漢書・禮樂
志》更說，之所以夜祠，是因為「其言辭或秘而不可宣露，故於夜中

---

52 劉又典：《淮南鴻烈集解》，卷八，258頁。

53 《惟泰玄》與《天地》，均見郭茂倩：《樂府詩集》，卷一《漢郊祀歌》，4頁，北
　京，中華書局，1979。

54 今本王逸《楚辭章句・九歌序》與此略有不同，參見李大明・《九歌夜祭考》，《文
　史》，三十輯，北京，中華書局，1987。

歌誦也」。其實說穿了，這也許是由於太一原型是北極星，極星只有夜間才出現能顯現而已，如果是日神，那麼，當然應在白晝而不是在夜晚祭祀了。

太一崇拜通過《楚辭》中體現的民間途徑與《史記》中記載的官方途徑，由戰國傳至秦漢，前一種途徑不需多說，誠如今人張正明《楚文化史》所論，「近代有些學者，以為把太乙（一）奉為全天最尊之神以及說太乙常居紫宮，都是西漢才如此的，其實，西漢去戰國甚近，其君臣又大半是楚人，對太乙的信仰應是從戰國時代的楚人那裏繼承下來的，他們對太乙雖不乏增飾之詞，但說不上有作偽之嫌[55]；後一種途徑則似乎是由秦祀泰皇而來。《史記·秦始皇本紀》載始皇帝二十六年，丞相王綰、御史大夫馮劫、延尉李斯議名號云：

> 古有天皇，有地皇，有泰皇。泰皇最貴。[56]

既稱「古有」，可見此說並非初起而是傳襲已久，那麼，這最尊貴的「泰皇」是誰呢？據《封禪書》元鼎四年有司之言……「聞者泰帝興，神鼎一，一者一統，天地萬物所終系也。」顯而易見，「泰皇」即「泰帝」「泰（太）一」[57]；而《莊子·秋水》「跐黃泉而登太（泰）皇」，以地下之黃泉與太皇對舉，也可證明「太皇」即「泰皇」，為天上的太一之神。所以《淮南子·精神》有「登太皇，憑太一，玩天地於掌握之中」的話頭；又《淮南子·地形》說，崑崙之上

---

55 張正明：《楚文化史》，295-296頁，上海，上海人民出版社，1987。
56 司馬遷：《史記》，卷六《秦始皇本紀》，236頁。
57 司馬遷：《史記》，卷二十八《封禪書》，1392頁。《封禪書》幾乎是一部太一崇拜和祭祀的歷史，從中可以看到，整個秦漢時期，在官方系統，中，太一是眾神之神，它象徵著「天」，需要在「泰山」祠祀，有五帝從祀，因此，太一崇拜幾乎是籠罩性的，對太一的祭祀也是最高等級的。

的天中，「是謂太帝之居」，也許讀者還會記得上一節中我們曾說過崑
崙之上是斗極所在，那麼「太（泰）帝」也是「泰一」即太一的別
稱。由此可見，「泰皇」「太帝」「泰帝」不過是一物異名，都是「太
一」[58]。正由於太一是居於天地之中的天極，所以秦人認定它比天
皇、地皇更尊貴，要為它舉行隆重祀典；認定它比天地、陰陽更古
老，要說「太一生兩儀，兩儀出陰陽」，而且修建神宮時要命名為
「極宮」，以象徵天極。然而到了漢代，雖然仍繼承秦制，依舊隆重
地祭祀太一，但章法卻有些紊亂，像武帝時有人則建議用五行新義，
說「天神貴者太一，太一佐曰五帝」，又有人建議仍依陰陽舊說，「三
年一用太牢祠三一：天一、地一、泰一」，卻都獲得了批准[59]，以至於
太一系統越變越龐雜。不過，太一本原出於北極這一點似乎還沒有被
人忘記，像漢代修建宮殿國都，仍要仿傚天體，以北極為中心。班固
《西都賦》曰，「其宮室也，體象乎天地，經緯乎陰陽，據坤靈之正
位，仿太紫之圓方……煥若列宿，**紫宮**是環」，張衡《西京賦》曰，
「正**紫宮**於未央，表峭闕於閶闔……若夫長年，神仙、宣室、玉堂、
麒麟、朱鳥、龍興、含章、譬**眾星之環極**」，而其中的緣由，即王逸
《魯靈光殿賦》所謂的「其規矩制度，上應星宿，亦所以永安也」
[60]。又像漢代初期的太一九宮占盤，這個1977年在安徽阜陽汝陰侯墓
首次發現的古代占驗工具，和上一節所提到的式盤一樣，分天、地
盤，地盤上也刻有夜半、平旦、日中、日入等時辰，以及二分二至等
節氣，只不過天盤中間以九宮換了月份，太一換了北極，以牽合《易
乾鑿度》「太一行九宮」的說法而已，但由此不也可以看出「北極」

58 劉文典：《淮南鴻烈集解》，卷四，135頁。

59 司馬遷：《史記》，卷二十八《封禪書》，1386頁。

60 王逸：《魯靈光殿賦》，《文選》，中華書局影印本，卷十一，168頁，北京，中華書
　　局，1977。以下引《文選》均同此本。

與「太一」的微妙關係嗎？至於漢代畫像石那惟妙惟肖的《斗為帝車》，那成了太一之車的七星與靜穆威嚴的泰帝，更暗暗地透露了一點消息，讓我們想起「斗為帝車，運於中央，臨制四鄉」的記載，及北極即太一即天皇大帝的事實來。

再從文獻上來看，明確指明天之主神為北極資料實在不少，除《淮南子》《史記》之外，漢代注經之書及讖緯之書均有大量明言北極為主神的文字。先看漢人注經，無論今文家古文家，均有此說，如：

> 帝，皇天大帝，在北辰之中，主總領天地五帝群神也。[61]
>
> 皇天，北極大帝。[62]
>
> 上帝，太一神，在紫微宮，天之最尊者。[63]

再看讖緯之書，錢錫祚《古微書跋》云：「儒者類稱諱候起（漢）哀、平之際，然《列子》凡一百六十字與《乾鑿度》同文，《呂氏春秋・觀表篇》亦有綠圖幡簿之語，則緯書之來蓋久。」這話也許有一定道理，即使緯書成書稍晚，其思想資料也一定淵源有自，因為任何思想都不可能突然從天而降鑽入人腦，而緯書中大量載有：

> 北極，天皇大帝，其精生人。[64]
>
> 中宮大帝，其精北極星。[65]
>
> 北者高也，極者藏也，言太一之星高居深藏，故名北極。[66]

61 《春秋公羊傳》，宣公三年何休注，《十三經注疏》，2278頁。
62 鄭玄注：《尚書・君奭》，《十三經注疏》，223頁。
63 《經典釋文》引馬融。
64 《詩含神霧》，見《古微書》，卷二十三，《緯書集成》，552頁。
65 司馬遷：《史記・天官書》，索隱《春秋文耀鉤》。
66 《春秋公羊傳》，昭公十七年疏引《春秋說》。

太極三星，其一明者太一常居。[67]

北極星……太一之光，含元氣，以斗布常，是天皇大帝之號也。[68]

顯然，這些說法是漢人的共識而不是漢人的發明，其淵源從讖書、經注可以上溯到《淮南子》《史記》，從《淮南子》《史記》可以上溯到《呂氏春秋》《楚辭》乃至《老子》，只不過在漢代人這裏，太一不僅有了嚇人的頭銜，而且和陰陽五行都掛上鉤，有些面目全非而已。

也許，這種對「北極——太一」崇拜的來歷，比我們想像的還要古老些，古代曾有圜丘祭天的大典，所謂「圜丘」，顧名思義即模仿天體而建的圓壇，《說文・口部》云：「圜，天體也，冬至在圜丘祭天是最隆重的大典，因其在郊外又稱「郊」，《郊特牲》疏引王肅《證聖論》說：「郊即圜丘，圜丘則郊……於郊築泰壇，象圜丘之形，以丘言之，本諸天地之性。」又因其用燔柴之煙享天帝，所以又稱「禋祀」。《周禮・大宗伯》「以禋祀祀昊天上帝」，等秩在「日、月、星辰」和「司中、司命、風師、雨師」之上，與《爾雅・釋天》「祭天燔柴」，《尚書大傳》「柴於上帝」、《祭法》「燔柴於泰壇」說的正是一回事。而所謂「泰壇」即「太一之壇」，所祭的天帝，則正是太一所象徵的北極，圜丘正是以北極為圓心而築的「天壇」。所以《五經通義》既說，「神之大者曰昊天上帝，即耀魄寶也」，又說「天皇大帝亦曰太一」，耀魄寶、太一恰恰就是北極。鄭玄就說，「天皇北辰耀魄寶」「昊天上帝，又名太一常居，以其尊大，故有數名」，並說「天神則主北辰，地祇則主崑崙，人鬼則主后稷」。而清孫詒讓《周禮正

---

67 《文選・西都賦》，李善注引《春秋元命苞》。

68 《周禮・大宗伯》疏引《春秋文耀鉤》，《十三經注疏》，757頁。

義》卷四十三進一步解釋說，「云『天神則主北辰者』者，謂圜丘之帝，眾天神皆從祀，而以北辰為主也。冬至圜丘祭天皇大帝，即北辰耀魄寶」[69]。可見，北辰有時在古人心目中幾乎可以取代「天」，而祭祀的等級也實在很高，連所築的圜丘大壇，也要以它為中心，因為「中天大帝象圜丘」。而按《文耀鉤》的說法，中天大帝正是北極星，只有北極才位於正中。不僅如此，圜丘祭天要用蒼璧黃琮，蒼璧黃琮之制，以方圓象天地，所以璧蒼而琮黃，因為天色蒼而地色黃。《周禮·大宗伯》「以蒼璧禮天，以黃琮禮地」，按鄭玄的說法，「禮神必象其類」。細考察璧瓊之制，其中心皆有無玉之「孔」，是不是正暗暗象徵著北極呢？按「璇璣玉衡」的隱喻來推想，璇璣旋轉玉衡以指示時空，正要一孔，即《老子》「當其無為其用」處為軸心，這軸心之孔豈非北極嗎？近人郭寶鈞《古玉新詮》也曾以古天文儀推測玉制的原型，似乎也與我們這一想法不謀而合[70]。古代最重要的禮儀、禮器都與它發生聯繫的事實，不能不讓我們想起《禮記·禮運》裏「禮本於大一」的說法，確實有它的依據，而太一即北極的崇拜，也恐怕要比我們僅僅從現有文獻中知道的要早得多。

　　馬王堆出土帛書《經法》中有一段話：

　　　　天執一，明〔三，定〕二，建八正，行七法。[71]

什麼是「一」？「不失其常，天之一也」。在天體中能靜處於中央不

---

69 孫詒讓：《周禮正義》，卷四十三，北京，中華書局，1988。

70 郭寶鈞：《古玉新詮》，載《歷史語言研究所集刊》，第二十本下冊，北京，中華書局，1988。

71 馬王堆出土串書本《經法》，見《老子乙本卷前古佚書釋文》，北京，文物出版社，1974。以下引《老子乙本卷前古佚書釋文》均同此本。

失其常的當然只有北極，正如我們前一節所說，北極在圓天中的位置，決定了它在古人心目中可以規範太陽南北挪移的「度」，月亮盈虧圓缺的「數」，列星運行的「信」（明三），可以使「四時有度」「動靜有立（位）」「外內有處」（八正），所以這北極就是「不失其常」的「天之一」，這「天之一」就是《經法》所謂「天地之極」！而「太一」就是這「天地之極」的神聖化產物，它的神聖性和北極一樣，來自它獨一無二的中央地位、虛無玄靜的神秘色彩及具有宇宙生成之源、可以經天緯地諸方面。《史記・天官書》將北極稱為「太一常居」，列為中宮，緯書將太一號為「中宮大帝」，正是因為在這些方面——

　　帝王與極星間有顯著類似之處。[72]

於是，當人們把北極和太一聯結在一起甚至混為一體時，北極那神奇玄妙的功能，就原封不動地轉移到太一身上來了，所以《禮記・禮運》說：禮本於大一，分而為天地，轉而為陰陽，變而為四時。

四　「太一，道也」

　　《莊子・天下》中的一段話引起我們的注意：

　　以本為精，以物為粗，以有積為不足，澹然獨與神明居，古之道術有在於是者。關尹、老聃聞其風而悅之，建之以常無有，

72　〔英〕李約瑟：《中國之科學與文明》，中譯本，第五冊，98頁。同書32頁又曾指
　　出：「中國古時歷代所信仰的國教具有天文（星象）特點一事極其明顯。」

主之以太一。⁷³

可是，關尹、老聃是道家鼻祖，道家千言萬語說的無非是個「道」字，老子五千文，開篇就是「道可道，非常道」，為什麼莊子卻說他「主之以太一」呢？個中緣由，《呂氏春秋・仲夏紀・大樂》似乎透露了一點，它說，「道也者，至精也，不可為形，不可為名，強為名之，謂之太一」⁷⁴。這段話總讓人想起《老子》裏那段「吾不知其名，字之曰道，強為之名，曰大」，這兩段話都說到了一個「命名」問題，但為什麼《呂氏春秋》命名為「太一」，而《老子》命名為「大道」呢？難道「太一」與「大道」這兩個語詞果然有什麼同一之處以至於同物異名嗎？

「命名」本身是對某種隱秘之物的「解蔽」，正如海德格爾（Martin Heidegger）所說，語詞具有「命名」的力量，它使各個「在者」顯現。可是，我們也能感到這種顯現有可能使在者轉換為語詞，特別是對這個玄而又玄、神之又神的原初唯一物，解蔽的命名，卻可能恰恰造成了它的肢解分割，所以，哲人只好事先聲明是「強為名之」「強為之名」，因此，我們只有循著「原來思想家的思路重新思維一次，緊緊追溯他的探問重新探問一次」，以探求這「命名」的背後究竟是什麼。

海德格爾曾設想，「或許『道』一詞是語言的原始詞（Urwort）」。所謂原始詞，即為萬物命名之初的第一個詞，他認為老子的「道」（Tao）意指原初道路，然而人們往往容易把「道」想成連接兩個地點的路段，所以用理性、精神、意義、規律來翻譯。這個說法無論是

---

73 郭慶藩：《莊子集釋》，卷十下，1903頁，北京，中華書局，1978。以下引《莊子集釋》均同此本。

74 呂不韋：《呂氏春秋》，《二十二子》影印本，卷五，642頁。

否正確，它都給我們一個啟發，即「道」應當是萬物尚未命名時宇宙原初本原或混沌狀態，它是一切「有名之物」的命名者，卻是在一切「有名之物」之外。也就是說，「道」不僅僅是「命名者」，而且具有時間上的原初性與發端性。按照《說文》的分析，道是「所行道也，從辵從首」，從「辵」，並無疑義，但從「首」卻是為什麼呢？首，《說文》釋為人頭，人頭當然是人的「天頂」，所以《釋名》釋為「始也」，《廣雅》釋為「君也」，都暗示了其中隱藏的至始、至上的意蘊。那麼，我們不禁要追問，古代的造字者和「道」字的使用者心中是否已存在了一個念頭，即「從辵從首」的「道」是隱蔽虛玄的宇宙原初混沌，開始邁向天地萬物解蔽狀態的原始道路，就像老子所說的「道生一，一生二，二生三，三生萬物」？而正是由於「道」（命名），宇宙萬物才在語言的命名下彰明起來，就像老子說的「無名天地之始，有名萬物之母」？如果是這樣，那麼，「道」與「一」就確實有共同之處了。《易‧繫辭》虞翻注說：「一謂乾元萬物之動」，《老子》「萬物得以生」句，王弼注「一者數之始」，從「一」的字多有「始」「大」之意，如「元，始也」「天，顛也，至高無上，從一大」「丕，大也」。顯然，「一」不僅有唯一之意，更有原初，廣大之意，與「道」十分相像。所以《說文》釋「一」曰，「惟初太極，道立於一，造分天地，化成萬物」；《淮南子‧原道》說，「道者，一立而萬物生」。強名之「大道」和強名之「太一」其實是一碼事，《莊子》所謂「主之以太一」並沒有歪曲老聃的本義。

接下來要追問的是，既然太一與北極相關，那麼，「道」與北極是否相連？

《老子》第二十二章說，「聖人抱一，為天下式」，這裏「一」自然是「太一」，而「式」則值得推敲。所謂「式」有兩義，一為「法式」「規範」之意，二為式盤。《周禮‧大宗伯》「抱天時與大師同

車」，鄭司農注「太史主抱式以知天時、處吉凶」[75]，這式就是式盤，而以北極為中心的式盤之所以叫「式」，也正是它有為天地四時之法式的緣故。無論老子本義為何，這能為「天下式」的除了北極之外，又有什麼可以名副其實？正如我們前面所說，斗極即「璇璣玉衡」，它永恆地在「天之中」指示節令，不失其時，運轉星辰，不失其度，「執一，明（三，定）二，建八正，行七法」，同時，又由於一種「繫聯式思考」（Coordintive thinking）的作用，它又神化為天帝，並與地上的帝王相聯繫，與人間行為與社會結構發生對應，因此，「極」便擁有規範天體與人間秩序的雙重作用。因而這聖人所抱的為「天下式」的「一」，就如象徵天地的式盤的中心，只能是與北極相關的「一」或「道」。《韓非子・解老》曾說這「道」是「天得之以高，地得之以藏，維斗得之以成其威，日月得以恒其光」的東西，前兩句讓人聯想到《春秋元命苞》中「北者高也，極者藏也」等話頭，「維斗」句則彷彿暗示了「道」與執掌北斗的北極帝星之間的微妙關係。所以張衡說，《老子》所說的「有物渾成，先天地生」的東西叫「天元」「蓋乃道之實也」，而所謂「天元」是什麼呢？就是北極——

> 天有兩儀，以舞道中，其可睹，樞星是也，謂之北極……一居中央，謂之北斗，動變定占，實習王命，四布於方各七，為二十八宿，日月運行，曆示吉凶。[76]

這並不是漢人憑空臆想。「道」在《老子》那裏，有中央、虛無、玄靜、原初、混沌等意義，《老子》十一章那段為人熟知的話說：

---

75 《周禮・春官・大宗伯》，見《周禮注疏》，卷二十六，《十三經注疏》，818頁。
76 張衡：《靈憲》，《續漢書・天文上》劉昭補注引，《後漢書》志第十，3215頁。

三十輻共一轂，當其無，有車之用。埏埴以為器，當其無，有
器之用。[77]

北極所處圓形天體中軸樞紐的位置、以靜制動以無勝有的性質，很容
易讓人聯想到車軸、陶輪，似乎正是那中空的圓心才構成了軸輪的作
用，所以西漢揚雄才以「北極為工樞轂，二十八宿為天橑輻」為譬形
容天體的運轉，而西方人也曾以磨心與磨盤來形容北極與天體的關
係。又《老子》五章曾提到「天地之間，其猶橐籥乎」，這裏的「橐
籥」指排橐和樂籥，王弼注說，此二物中間都充滿了元氣，空洞而無
情，在天地之中，蕩然任自然，那麼，這是否與「北極——太一」所
象徵的中央混沌之氣有關呢？因為古人一貫覺得，天地之「中」是萬
物之「源」，那裏本是「無」，無中生出了「氣」，氣又分出了「陰
陽」，陰陽形成天地，然後才有了萬物。若要守住生命本原，就必須
「歸根覆命」，回到其原初狀態，所以下面又說，「虛而不屈，動而愈
出，多言數窮，不如守中」。這「中」乃是天地之中的「橐籥」，而這
「天地之中」的「橐籥」是否是那個「道」即混沌之氣的隱喻？第六
章說「玄牝之門，是謂天地根」，王弼注，「門，玄牝之所由也，本其
所由，與『極』同體」[78]。這「極」是不是《靈憲》中「北極是也」
的極呢？我很懷疑是，因為它的中樞軸心、虛無玄靜、籠罩天地的性
質，實在是與古人心目中的帝星北極太像了。《淮南子・原道》所謂：

萬物之總，皆閱一孔，百事之根，皆出一門。[79]

---

77 王弼注：《老子》，《二十二子》影印本，第十一章，1頁。凡引《老子》均此本，不
　一一注出。

78 王弼注：《老子》，第六章，1頁。

79 劉文典：〈淮南鴻烈集解〉，卷一，30頁。

這孔即三十幅共一轂當其無處的「孔」，這門即天地之根的玄牝之
「門」，這「一」便是唯一的「一」「道」與它都是天地之中開闢鴻蒙
的東西，而尋遍天地間，除了北極又有什麼可以擁有這種宇宙中心與
源頭的名號？《老子》十六章說「歸根曰靜」，二十五章說「寂兮寥
兮，獨立而不改，周行而不殆」，二十八章說「守其雌」「守其黑」，
在周流運轉紛紛亂亂的天地間，又有什麼東西能如北極一樣，居其所
不動而萬象環之？《老子》三十七章又說，「道常無為而無不為」，三
十四章裏又說，道是「萬物恃之以生而不辭，功成不名有，衣養萬物
而不為主，常無欲，可名於小；萬物歸焉而不為主，可名為大，以其
終不自為大，故能成其大[80]」，這就是《莊子‧天下》所說的「至大無
大，謂之大一，至小無內，謂之小一[81]」，可是，天地間除了靜居天
心、默然不動、經天緯地、安排時空的北極，又有什麼既可稱為「大
一」又可稱為「小一」的呢？

　　我相信「以天為宗」，又自稱「不窺牖，知天道」的古代道家，
是對天的體驗中得出「道」的思想的，《莊子‧天運》曾發問：

　　　天其運乎？地其處乎，日月其爭於所乎？孰主張是？孰維綱
　　　是？孰居無事推而行是？……風起北方，一西一東，有上彷
　　　徨，孰噓吸是？孰居無事，而披拂是？[82]

這和屈原《天問》中「斡維繫焉？天極焉加」，似乎問的恰是同一個
問題，那個「無事」而推運天地日月星辰的神秘之物，在混沌的「原
始思維」中自然要歸之於一個至高無上的造物主「太一」，而在理性

---

80 王弼注：《老子》，第三十四章，4頁。
81 郭慶藩：《莊子集釋》，卷十下，1102頁。
82 郭慶藩：《莊子集釋》，卷五下，493頁。

的哲理體驗中則自然要歸之於一個視之不見、聽之不聞、搏之不得的
自然本原「道」，而在實踐性的觀察中卻只能歸之於高居天地之中、
靜默不動的北極，因為在人們視力所及的範圍中，星辰是環繞「天
極」而動的。《禮記・月令》疏云：「春則星辰西遊，夏則星辰北遊，
秋則星辰東遊，冬則星辰南遊。」日月是升落不休的，馬王堆帛書
《稱》云：「日為明，月為晦，昏而休，明而起。」天地是陰陽對稱
的，馬王堆帛書《十大經》云：「觀天於上，視地於下，而稽之男
女。」一切都在變動不居中，唯有天極是獨一無二、靜止不動、高居
中央、永恆常存的，在那裏「無晦無明，未有陰陽」「濕濕夢夢，未
有明晦」[83]，可是，天地、日月、星辰卻偏偏要圍繞著它，受它的規
範，就像《道原》中所謂的「道」一樣：

> 天地陰陽，四時日月，星辰之氣……皆取生。

因此，西方古人相信「從這一點懸著天和一切自然」，並認定那一個
「定點」即上帝，而中國古人則稱之為「太一」，並認定它是宇宙生成
之「道」，一切從那裏來，一切都依從它的規式。馬王堆帛書《經法》
說帝王如果「執此道也，是以守天地之極，與天俱見」，這「道」自
然是老子之道，而這「天地之極」，自然也是北極的「極」了。

五 「太極，中央元氣」

「太極」始見於《易・繫辭》，「易有太極，是生兩儀」，王弼注
說：「太極者，無稱之稱，不可得而名，取有之所極，況之太極者

---

[83] 以上均引自馬王堆出土帛書《十大經》與《道原》，見《老子乙本卷前古佚書釋文》。

也。」恰恰這段話又讓我們想起前引《老子》「吾不知其名，字之曰
道，強為之名，曰大」和《呂氏春秋》「道也者，至精也，不可為
名，不可為形，強為名之，謂之太一」，難道「太極」和「道」「太
一」又有什麼微妙的關聯不成？

恰是如此！「太極」與「道」「太一」具有同樣的宇宙原初的意
味。《易‧繫辭》這一段下孔穎達疏說：「太極，謂天地未分之前元氣
混而為一，即是太初太一也，故老子曰：道生一，即此太極是也。
又謂混元既分，即有天地，故曰太極生兩儀，即老子云『一生二』
也。」[84] 這種見解並非孔穎達的杜撰，而是抄襲了秦漢人現成的說
法，我們可以在古代文獻中找出不少例證，《淮南子‧覽冥》高誘注
就說，「太極，天地始形之時」，似乎它與道、太一是一樣古老而悠
遠。《易乾鑿度》說孔子曾云，「易始於太極，太極分而為二，故生天
地」，好像它業已獲得聖人認可，所以《說文》中釋「一」字時就說
「惟初太極，道立於一」，而《呂氏春秋》則乾脆用「太一」直接取代
「太極」說「太一生兩儀」，似乎「太極」「太一」本來就是一檔事。

關於這一點似乎無須細說，「一」與「極」在字義上的近似，太
極、道、太一在古代文獻中的混用互詮及它們所共有的原初性、終極
性、廣容性，都說明它們彼此意義內涵的重疊。問題只是，這種重疊
是由於這幾個在中國古代具有根本性意義的概念自身語義的相近，還
是由於它們有一個共同的來源，換句話說，太極與道、太一這三個語
詞，之所以常常象徵著和隱喻了同一事物，是因為它們語詞表層意義
相同，還是它們實質上都是來自對同一自然現象的理解和體驗？《漢
書‧律曆志上》引劉歆《三統曆》云，「太極，中央元氣……太極運
三辰五星於上，而元氣轉三統五行於下」，這裏是否已經暗示了，太

---

84 王弼等注，孔穎達疏：〈周易正義〉，卷七，《十三經注疏》，82頁。

極不僅在中央,是天地未形時的混沌元氣,而且與「璇璣玉衡」一樣執掌著天體運轉之責,那麼,它是不是與太一、道一樣,也與北極有某種關係呢?

恰恰文獻中有這樣的說法。《周易集解》卷八、《經典釋文》引馬融曰,「易有太極,北辰是也。太極生兩儀,兩儀生日月,日月生四時,四時生五行,五行生十二月,十二月生二十四氣,北辰居中不動」;吳太常姚信《昕天論》又說,「太極處二十八宿中央」,而天體上處二十八宿中央的正是北極[85];今蘇州所存「以北極為中心」的石刻《天文圖》,其文字也說「太極……運而為日月,分而為五星,列而為二十八舍,會而為斗極」。而古代器物也偏偏可以證明這樣的說法,前面我們曾提及的漢代式盤外圈均刻了八卦和二十八宿,二十八宿的中央是斗極,而八卦的中央是什麼?不正是太極嗎?王振鐸根據式盤及文獻復原的古代司南四周,也刻了八卦和二十八宿,中間的司南杓明顯地象徵與模擬斗杓,而這斗杓即北斗,不也可以作為八卦的中心「太極」嗎?至於下面我們還將提及的日晷,它也是在外圈刻了八卦、十二辰、二十八宿的,雖然它是用來測日影的,但其中心所立銅表,卻是象徵天地之中那不動的中軸的。古人認為,太陽是圍繞天極而行的,那麼立於中軸而為二十八宿中心的也只能是北極和太極。顯然,古人有一種觀念,即有中央位置、代表宇宙之源、可以經緯萬象的北極與太極非二而一,它們都可以充當天地四方的中心。

也許有人會提出,「太極」是戰國時後起的概念,與《易》本身無關,所以不能認為《易》與北極有聯繫。不錯,「太極」概念是解釋《易》時才出現的,不過,我似乎覺得這一解釋並非戰國以後人的

---

85 《全三國文》,卷七十一,載嚴可均輯:《全上古三代秦漢三國六朝文》,中華書局影印本,1436頁北京,中華書局,1958。

憑空臆造，「郢書燕說」而強加於古人的。《易‧繫辭上》曾經說道：

> 聖人設卦觀象。
>
> 聖人有以見天下之賾，而擬諸其形容，象其物宜，是故謂之象。

孔穎達疏也說，這是指「聖人設畫其卦之時，莫不瞻觀物象，法其物象，然後設之卦象」，[86]問題是，這卦爻模擬的是什麼自然現象？

這個問題實質上涉及的是《易》的起源。關於《易》的起源，古今聚訟紛紛，說解眾多，莫衷一是，近來一個業餘《周易》鑽研者提出的卦爻源於圭表的說法，似乎頗有啟迪意義[87]。他認為 ☰ ☷ 等卦的三條線，實際上，可能來自用圭表測日影長短時，用來區別冬至、春秋分、夏至的三條線。冬至時，日影最長，指向北方，地上三線都為日照圭影所斷，故為至陰的 ☷ （坤）；夏至，日影最短，位在南方，地上三線均未被日照圭影隔斷，故為至陽的 ☰ （乾）；而春分時陰氣漸退，陽氣漸升，日影長短在中線，卦上難以直接表現，則畫為 ☲，表示陰退其中，屬東方，東方為日升之處，可象徵陰退陽升，秋分則陽氣漸退，陰氣漸升，日影也在中線，卦上難以直接表現，則畫為 ☵，表示陽退在中，屬西方，因為西方為日落之處，可象徵著陽退陰生。

這一推測並未臻完備，而且只吻合所謂「先天八卦圖」，而有悖於流行的、正統的「後天八卦圖」。不過，到目前為止它是一個可能

---

86 王弼等注，孔穎達疏：《周易正義》，卷七，《十三經注疏》，79頁。

87 這個業餘《周易》鑽研者是國際商報社的馬邕生先生，前些年，他曾寄給我一篇他的論卦爻起源的論文，遺憾的是，至今我都未能使這篇論文發表，因為，雖然這篇論文很有啟發性，但幾家雜誌都不願意刊載。這裏我引用並發揮了他的這一些看法，特向馬先生致歉並致謝。

合理的解釋。因為，首先，「先天八卦圖」已被證明它絕非宋代陳摶的發明而是頗有古老淵源的說法。其次，它很吻合先民重視天象的習慣。正如《易・繫辭》所說「易與天地準，故能彌綸天地之道，仰以觀於天文，俯以察於地理」，也正合《周禮・夏官・大司徒》「以土圭之法測土深，正日景以求地中，日南則景短多暑，日北則景長多寒，日東則景夕多風，日西則景朝多陰」的說法。先秦之人以「土圭」求「地中」，正是為了模擬天象，求其正中「天地之所合也，四時之所交也，風雨之所會也，陰陽之所和也」的地方來建王國之都，而「太極」（正中）與「八卦」（四方）的關係，正是「土圭」與「四邊」的關係。再次，它也能得到語源學的證據。《說文》解釋「卦」字時說，「所以筮也，從卜圭聲」，似乎應當是「從卜從圭，圭亦聲」，卜部其他如「卟」從口卜，「貞」從卜貝，「占」從卜口，均為會意字，「卦」自然作從圭、從卜更合理。圭是什麼呢？它就是測日影的圭表，《說文》注引應劭雲，「圭，自然之形，陰陽之始也……從重土」，其實恐怕正是一竿（表）立於地下，影斷三線之象。所以《儀禮・土喪禮》注曰「卦者，識爻卦畫地者」，《士冠禮》鄭玄注又說「所卦者，所以畫地記爻」[88]，而爻是什麼呢？正如《說文》所說是「交也」，即圭影與地上之線相交。

如果這一推測不誤，那麼，我們就很容易理解古人何以要將卦爻配方位、時令了。清張惠言整理漢代鄭玄易說撰《周易鄭氏義》，有《八卦十二位上值二十八宿》一條，云：「易以八卦周天，十有二次，分主十有二月，通八方之風，故《乾鑿度》曰：歲三百六十日，而天氣周八卦，用事各四十五日，方備歲焉。」因為立竿以測影等測天時定方位的方法，與卦、爻混為一體，很快就儀式化、神秘化，並

---

88 鄭玄注，賈公彥疏：《儀禮注疏》，卷三十七、卷一，《十三經注疏》，1143頁、946頁。

衍生出日晷、圭表、式、占盤來，它的測日影、計天時的功能為日晷
等取代，定方位、占吉凶的功能由式占盤取代。所以，古代的日晷、
式占盤都要與干支、八卦、二十八宿相配，而這位於中央、生八卦、
定四方、排干支的表竿，恰恰就是中樞北極的象徵物。李約瑟曾根據
宋代曾敏行《獨醒雜誌》的記載和劉復《西漢的日晷》的推測指出：

> 因為中國天文學的基本座標是北極和赤道，所以，很早時期似
> 乎已有人想到，如將日晷底盤傾斜而置於赤道面方向內，並使
> 日晷的表指向天北極，即可得到一種表示太陽時的時計（Solar
> timekeeper）。[89]

但作為科學史家的李約瑟沒有指出，中國古人之所以有這種想法，乃
是因為他們覺得，只有模擬這種天體之象，才能在儀器上重構時空。
而模擬天象的，又何止日晷？渾天儀、式占盤、司南等都是在模擬天
象。所以，它們周圍都刻有象徵時間與空間的干支、月份、八卦、二
十八宿，而處於這個同心圓圓心的太極，自然也就是模擬天象中心的
北極了，所以，漢代的馬融才會說：「易有太極，北辰是也，太極生
兩儀，兩儀生日月，日月生四時，四時生五行，五行生十二月，十二
月生二十四氣，北辰居中不動。」

　　也許，正是「太極」這一概念的發明者與使用者察覺到了《易》
與天象的這一微妙關係，所以《易‧繫辭》才敢於大膽地將古人賦予
北極的原初意義全盤挪到「太極」身上，稱「太極生兩儀」；《易乾鑿
度》才敢於以「太極」比「太一」，稱其為「中央混沌元氣」，構想出
「太一行九宮」「太一配八卦」的圖形；《易通卦驗》才敢於以卦、方

---

89 〔英〕李約瑟：《中國之科學與文明》，中譯本，第五冊，211頁。

位、時令等互相配置，開列出日晷之影在二十四節氣的長度；而京房一系易學才敢於大膽地以天象來解釋《周易》。因為卦爻本來就是對天象的隱喻，而按《易・繫辭》「天地設位而易行乎其中」的說法，太極本來就與「太一」「道」一樣，是天極中樞的象徵，也是處在天地之中的。而按「廣大配天地，變通配四時，陰陽之義配日月」的說法，太極也像天極一樣，是運轉著天地日月星辰，安排時令節氣的神秘之物。

六　結束語

我在《道教與中國文化》一書中曾簡略地談到中國古代的思維方式，我把它稱為「同源同構互感」。意思是說，在古代中國的意識裏，自然也罷，人類也罷，社會也罷，它們的來源都是相似的，它們的生成軌跡與內在結構也是相似的，由於這種相似性，自然界（天地萬物）、人類（四肢五臟氣血骨肉）、社會（君臣百姓）彼此對稱，這些對稱點都有一種神秘的互相關聯與感應關係。近讀李約瑟《中國之科學與文明》第二分冊《中國科學之基本概念》中也有類似的議論，他提出 H. Wilhelm、Fberhard Jablonski 及 M. Grenet 曾命名這種思維方式為關聯式的思考（Coordinative thinking）或「聯想式的思考」（Associative thinking），他說：

> 這是一種直覺的聯想系統，有它自己的因果關係以及自己的邏輯，關聯式的思考方法絕不是迷信或原始迷信，而是其自己獨巧的思想方式。H. Wilhelm 將它與歐洲科學特有的思想方式「從屬式思考」（Subordinative thinking）互相對比——這種思想方式偏重於事物外在的因果關係——在「關聯式的思考」

中，概念與概念之間並不互相隸屬或包涵，它們只在一個圖樣（pattern）中平等並置，至於事物之相互影響，並非由機械的因果作用，而是由於一種感應（induction）。

這說得頗有道理。本文所論及的以北極——實際上是北極與天體——為原型的一系列現代稱為神學、哲學、巫術的概念（太一、道及太極）的互通互釋，就來自古人們的這種思維方式。表面上看，我的考證只是討論了四個語詞及其隱喻內涵的轉換和連貫，但實際上這種轉換和連貫至少提示了中國古代思維的一個特徵，即人們對宇宙的體驗涵泳，常常通過各種心理上的途徑及語言的隱喻，滲透他們其他思想之中，而他們其他領域的思維成果也可以滲透到對宇宙的理解之中，這使他們心目中的自然、神、人，甚至哲學都呈現出「同源同構互感」的和諧秩序。

應當說明，這一思維樣式及思維成果雖然植根於中國上古文明之中，但它的最終定型卻經歷了戰國、秦漢以降好幾個世紀。這是中國文化史上最重要的「軸心時代」，這一時代的意義不僅僅指一系列哲人的出世、一個個思維成果的產生，還包括隨著大一統王朝的發軔、成型、壯大，一系列思維成果也在進行著「整合」，由混沌無序進入整飭有序。本文涉及的「北極、太一、道、太極」一體性思想，就正是這一時代的文化整合中逐漸成形的。雖然它們確實「源出於一」，都來自古人對天體的觀察與想像，但把它們清晰地用各種可以互訓的語碼表述出來並清理出明晰的系統，卻無疑是這一理性時代的成就。

我們稱之為「理性時代的成就」，是因為它有它自身的「內在邏輯」，假如我們不把「理性」或「邏輯」這樣的語詞內涵，僅僅限定在西方式的形而上學和科學畛域中，而把它定義為一種「清晰而自成條理的思路」的話，那麼，應當承認，古人將北極、太一、道、太極

這些在現代人看來無論如何不能橫向比附的概念相繫連的思路實在是
很清楚的:對北極在天體中獨特位置與功能的體驗,一旦生成神學崇
拜,自然要產生以「太一」為首的神祇系統與宇宙生成神話;一旦進
入哲理思考,自然要形成「道」的命名與「道生一,一生二,二生
三,三生萬物」之類的思想;一旦滲入占筮,則很自然地要與四時八
方等對應的九宮八卦二十八宿等掛鉤,成為中心概念。而這些現代看
來是科學、神學、哲學的領域其「本是同根生」的淵源,當然也會使
它們反過來,在人們感覺中加強「同源同構互感」的思維模式,並將
這一實際上包容了古代中國所有原初性、終極性、廣袤性根本概念的
思想,推衍到更多的文化領域裏去,在各個方面留下它的痕跡。如前
面我們陸續提到的圜丘祭天、式占盤、司南、法象天地鏡、宮殿建
築、斗為帝車畫像石,我們未曾提到的古代方國建制要象天體,王畿
在中心象北極,國都規劃要象天體,「端門四達,以則紫宮,象帝
居;渭水貫都,以象天漢;橫橋南渡,以法牽牛」[90],以及全盤容納
了這一思維樣式及思維成果的道教哲理、神譜、儀軌、方法等等[91]
(參見附論)。最後,也許還應當指出,這也許影響了漢民族崇尚
「中央」「玄靜」「原初」的心理,似乎古代中國人正是從「北極」這
個天體中心所象徵的種種涵蘊中,領略到了一種居中不偏、靜以制
動、追求原初生命的精神,從而煅鑄了這個民族獨特的性格和傳統。
那麼,在這個意義上我是不是可以說,這北極及其與太一、道、太極
一體化的思想正是中國文化的一個源頭呢?正如《老子》所說——

　　玄而又玄,眾妙之門。

90　《三輔黃圖》,清刻本,11頁A。

91　關於這一問題,請參見顧頡剛、楊向奎合著《三皇考》(《燕京學報》專號之八)及
　　葛兆光《道教與中國文化》一書。

【附論】

在這裏，我想補充一點有關道教的資料。道教不僅僅沿襲了先秦兩漢道家的「道」論，把「道」視為宇宙萬物之源，而且繼承了對「一」的崇尚習慣。《太平經》卷三十七云：「一者數之始也，……生之道也……元氣之所起也……天之綱紀也，故使守思一。」因此，道教也曾經將「太一」挪來作道教主神。後來道教的主神元始天尊實際上是「太一」的變異。「元始」之義無非是原初、創始、唯一，正如《太玄真一本際經》所說，「無宗無上，而獨能為萬物之始，故名元始據《枕中書》說，它「在天中心之上」，顯然它就是同樣具有原初、唯一意味、居於天極的太一。《太平經鈔》甲部、《雲笈七籤》卷十八引《老子中經》在記載道教最尊貴天神時說是「高上太（一）」或「上上太一」。早期的道教時而用「太一」，時而用「元始天王」為主神，只不過是由於二者本來就是一碼事，都是從「北極」那裏轉過來的想像。如《太平經》卷九十三就說到，「天者以中極最高者為君長，地以崑崙墟為君長」，卷一百二十二又說，「神仙之籙在北極，相連崑崙」。這上在天極、下連崑崙的，當然是天地中軸，在天地中央運轉樞紐的，當然就是最尊貴的神，所以，道教說元始天尊的地方是「天關之北，日月度回其南，七星輪轉其中央」，這正是《史記·天官書》所記的「太一常居」之所北極。所以，本來賦予北極、太一、道或太極的名號、性質、特徵，全都可以轉挪在元始天尊或三清頭上，像什麼「斗極師祖」、什麼「上清紫微碧玉宮太一大天帝」、什麼「清靜玄妙道君」。至於「北極紫微太皇上帝」的名號直接露面，則讓我們想起道教自己的話：「璇璣者，北斗君也，天之侯王也，主制

萬二千神，……人亦有之，在臍中；太一君，人之侯王也……太一君
有八使者，八卦神也太一在中央……」也讓我們想起道教自己的壁
畫，山西芮城永樂宮三清殿諸天帝拱衛三清，青龍、白虎、朱雀、玄
武分立四方，二十八宿環繞四周，不正暗示了「三清譬如北辰，居其
所而群臣拱之」嗎？因此，道教的儀軌、方法裏，不僅有「太一爐」
「太一餘糧」「太一齋」「太乙占筮」等等取名「太一」的事物和法
術，有「太極圖」「八卦爐」「菱郭門」等源於《易》太極、八卦的名
目，更有以北極北斗為對象的「紫微斗數」占筮之法、「步罡踏斗」
的步虛之法、「北極殺鬼印」的印法、「北極燈儀」的安燈禳劾法「北
極七兀紫庭醮儀」的齋醮之法等等，就連他們在夜間舉行醮儀的習
慣，似乎都來源於夜祭太一及北極。在他們看來，「北辰者，眾神之
本也・北辰者，北極不動之星也」，那裏是宇宙之源、萬象之本、天
神之主，所以，那裏以及與那裏相關的太一道、太極都有無窮的奧
秘、與神奇的魔力，人只要向他們膜拜，仿傚他們的圖式，存思他們
之神靈，就會有奇妙的感應，就像《抱朴子・雜應》裏的「思作七
星」，《雲笈七籤》卷二十里的「身臥七星斗」一樣。總而言之，道教
在某些方面，也全盤襲用了「北極、太一、道、太極」的思想，並以
此建立它以「道」為哲理核心，「太一」（元始）為神譜核心及「太
極」圖式、「北極」模擬等儀軌、法術的宗教體系。魯迅曾說，「中國
根柢全在道教，以此讀史、許多問題可迎刃而解」，那麼上推一步，
北極、太一、道及太極的思想，是否也可以說是中國文化的一個
「根」呢？是不是從這裏也可以破譯中國文化的一些奧秘呢？

作為思想史的古輿圖[*]

　　用「地圖」作為思想史的證據，研究思想觀念和意識形態的問題，現在在漢語學術界，包括海峽兩邊，都開始流行。這種取徑的出現，應該說和外國新理論新觀念的傳進來有關係，尤其是和福科（Michel Foucault）的影響有關。福科是一個很有想像力和洞察力的人，也是一個很有顛覆性的思想史理論家，他在一個本來很單純很學術的，屬於「地理學」的問題上，也推廣了他關於「話語」和「權力」的理論。用他的話說，一切話語背後都有權力，而話語本身也會成為權力，所以，在「領土」「地平線」「等高線」等等本來屬於地理學的術語裏面，他看出了背後有「權力」（power）關係。他把它放在政治、法律和文化領域裏進行推敲，例如說「領土無疑是地理學的概念，但是它首先是一個法律——政治概念：某一權力所控制的地域」。這一分析相當有洞察力，領土確實就是政治的控制範圍，而地圖上以國界所劃分的「領土」，確實標誌了一種並非僅僅屬於地理學的政治學範圍。這方面的論述，是1976年在法國一家地理學雜誌《Herodote》對福科的採訪裏面表達出來的，後來發表成了一篇專訪

---

* 本文在具體分析例證上，綜合了作者以下論文：(1)《在邊緣與空白處——從觀念史角度看古地圖》，載周敏民編：《地圖中國》，香港，香港科技大學圖書館，2003。以下引《地圖中國》均同此本。(2)《天下、中國與四夷——古代中國世界地圖中的思想史》，載王元化主編：《學術集林》，第十六卷，上海，上海遠東出版社，1999。(3)《古地圖與思想史》，載《二十一世紀》，卻2000年10月號，總六十一期。(4)《古輿圖別解》，載《中國典籍與文化》，2004年第4期。

稿，就叫做《地理學問題》。[1]

確實，地理空間劃分與描述是政治、歷史和文化的結果，但是，地理空間反過來又是身份認同與文化認同的標誌，然而在很長時間裏面，並沒有太多的人真的用地圖去討論中國思想史問題，因為地圖過去一直屬於地理學、測繪學的領域。過去也有很多關於地圖的研究著作，像商務印書館1938年出版的王庸《中國地理學史》第二章《地圖史》，司馬富（Richard J. Smith）的 Chinese Maps, 芝加哥大學出版的《地圖繪製學史》第二卷第二冊《傳統東亞東南亞社會中的繪圖學》[2]。此外，日本有織田武雄《地圖的歷史》、海野一隆的《地圖的文化史》，都有有關的內容。[3]最近幾年，古地圖領域也出版了不少資料，比如，曹婉如等編的三大冊《中國古代地圖集》、北京圖書館善本特藏部編的《輿圖要錄》，菲力浦·艾倫（Phillip Allen）的《古地圖集精選》，還有最近香港科技大學圖書館編的《地圖中國》等等[4]，研究起來就很方便了。

1　《權力的地理學》，中譯文見《權力的眼睛》，上海，上海人民出版社，1997。

2　王庸：《中國地理學史》，上海，商務印書館，1938；〔美〕司馬富：Chinese Maps, Oxford University Press, 2000；又，The History of Cartography, Vol, 2，book, 2: Cartography in the Traditional East and Southeast Asian Societies (Edited by J.B. Harley and David wood-ward), The University of Chicago Press, 1994。

3　〔日〕織田武雄：《地圖の歷史──世界篇》，東京，講談社，1974,1994。以下引《地圖の歷史──世界篇》均同此本。〔日〕海野一隆：《地圖的文化史》，香港，中華書局，2002。順便可以提到，前些年，文學家董啟章一本以香港地圖來討論觀念和思想的著作影響很大，在香港地圖裏面，充滿了殖民與後殖民、民族與民族、國家與國家之間的緊張。當然，地圖只是他的「話題的引子」，所以，後來他的書列在「聯合文學」裏面。

4　曹婉如等編：《中國古代地圖集》，北京，文物出版社，1990-1998。北京圖書館善本特藏部編：《輿圖妥錄：北京圖書館6827種中外文古舊地圖目錄》，北京，北京圖書館出版社，1997。〔英〕菲力浦·艾倫編：《古地圖集精選──透視地圖藝術與世界觀的發展》，臺北，貓頭鷹出版，2001。以下引《古地圖集精選──透視，地圖藝術與世界觀的發展》均同此本。

　　但是，這些資料是不說話的，更不直接表達思想與觀念。有些話，地圖背後的思想與觀念，是要研究者自己「看」出來的，因此這裏要討論的就是，怎樣才能從地圖中看出思想史，或者說，古輿圖如何作為思想史的資料？

一　邊緣與中央：歐洲古代世界地圖中的東方想像

　　首先，我想從歐洲繪製的古地圖的邊緣和空白處，來看一下其中流露的有關東方的想像、意識和觀念。

　　我們知道，古代中國地圖多是紙本或絹本，像馬王堆帛書《地形圖》，當然也有石刻的，像蘇州的《平江圖》。在形式上往往和古代中國繪畫差不多，有的地圖乾脆就是美術作品，如名山勝蹟圖、城市地圖等等，一般來說，很少有設邊框的，再加上中國的地理特點，地圖很少有大片的海洋，所以很少有空白。沒有空白就不能有太多的點綴，特別是古代中國地圖常常有大幅的文字標誌，更沒有空間留下來繪製奇物異類[5]。而現代的各種地圖，又常常受到現代西方製圖法的影響，在周圍的邊框上用黑白兩色標誌經緯比例，這是「科學」和「標準」的做法，而大片的海面上也不再有傳聞時代的想像，而只有更多的島嶼和航道，所以，大多也沒有邊框的裝飾和點綴。但是，在古代歐洲出版的各種地圖上，尤其是世界地圖上，好像有一個習慣，在周圍常常點綴圖像，而在地圖空白處，尤其是大洋中又要畫上各種見聞和奇物。這些安插在四周的裝飾性圖像，繪製在空白處的物怪，有意無意之中，可能會和地圖中間的內容發生關係，透露或暗示一些

5　即使東南部留有海洋的空間，古代中國的地圖也常常把本來分散在更大區域的各種島嶼和陸地其他國度擠在這一空間裏。

觀念[6]。

　　在香港科技大學圖書館裏，收藏了很多歐洲出版的古地圖，其中有一幅 Hartmann Schedel（1440-1514）國的早期古世界地圖。在地圖的邊緣，我們可以看到十二個鼓著嘴吹風的頭像，這大概是象徵著十二個月的不同風力，不同的風力使天下氣候變遷[7]。這是很常見的，歐洲舊的地圖經常畫上這種形象，表示著地理空間和天上氣候之間，有某種關聯。像托勒密《宇宙志》1482年版和《地理學》1511年版所附的地圖也一樣有這種形象，在那個吹著風的頭像下面，還畫上了雲彩。[8]另外，像利瑪竇（Matteo Ricd）的世界地圖，也繼承著奧代理（Abraham Qrtelius, 1527-1598）的世界地圖的傳統，同樣在南極空白處畫上了世界各地的八種動物，如大象、犀牛、鴕鳥、獅子、有翼怪獸、鱷魚，在大海處畫上了九艘帆船和十五種噴水巨魚、蛇形大魚。直到南懷仁繪製《坤輿全圖》，仍然繼承這種博物的傳統，畫了這些圖像，只是比利瑪竇更多出了長頸鹿、吐綬鳥等等。這些圖像，大概一方面象徵著對大海的跨越和對世界的認知，一方面象徵著對大海中種種物怪的想像和畏懼。

　　並不是只有歐洲有這種習慣。其實，古代中國也有這種對未知領域的想像，也有把這些想像繪製成圖的傳統，例如《左傳》宣公三年有一個關於九鼎的著名傳說。就是夏代把各種奇怪的事物形象鑄在鼎上，讓民眾知道，據說人們如果知道了物怪的形象以後，就不會遇到

6　其實，這不止是地圖，也不止是歐洲，像古代中國的長沙子彈庫楚帛書的四周，就畫上了十二個神像。大概和十二個月之類的意思有關，因為楚帛書內容講的就是這十二個月的事情。圖文之間總有些關聯，這就好像古代中國繪畫上有題畫詩、上下款識、印章，以及裝裱留出的題跋空間一祥。

7　圖見周敏民編：《地圖中國》，31頁。

8　圖見〔英〕菲力浦・艾倫編：《古地圖集精選——透視地圖藝術與世界觀的發展》，16-17頁。

這些怪物，就是遇到了，也能避開，因為物怪被人識破了呀。這就叫「鑄鼎象物，百物而為之備，使民知神、奸。故民入川澤、山林，不逢不若，螭魅罔兩，莫能逢之」[9]，這就是古代傳說中九鼎為什麼這麼重要的原因。這種「博物」的傳統，一方面支持了孔子關於「多識於鳥獸草木之名」的教育方法，後來張華的《博物志》一類書就是繼承這個知識主義傳統，一方面支持著巫覡技術的神奇想像，這就是後來從《山海經》到《白澤精怪圖》的巫術觀念。[10]

我想，十五十六世紀以來歐洲人的世界地圖上的圖像，大約也是同樣的意思。我在歐洲的一些博物館參觀，開始覺得他們的植物圖、人體圖、地圖真有些裝飾繁瑣，可是漸漸發覺，裝飾不僅僅是裝飾，還有一些很微妙的象徵意味。西方地圖傳到東方以後，這種製圖的傳統也影響到中國和日本。比如，日本根據利瑪竇《山海輿地全圖》所繪製的世界地圖上，就有種種關於航海的知識。又比如，收藏在神戶市立南蠻美術館的正保年間（1644-1647）刊刻的《萬國總圖》的四周，就畫上了大明船、日本船，而貞享五年（1688）的《萬國總界圖》又同樣在上兩角處畫上了大清船、日本船。另外，同樣收藏在神戶市立南蠻美術館的《四都市圖》與《世界地圖》屏風中，則完全是歐洲的方式，在左右兩側畫上了當時所知的各地民族的形象。到了寶永五年（1708），稻垣光朗繪製《世界萬國地球圖》，則不僅在兩半球的中間空白處畫上了唐船和阿蘭陀船的樣式，而且還在上方闢出專門繪製世界各種人形象的十六幅圖，把兩方面的傳統匯在了一起，表示著航海技術對於環遊地球的信心，也表現了這一邊兒的人對於另一邊

9　杜預的解釋是第一，這是關於四方奇異物產的知識，「圖畫山川奇異之物而獻之」；第二，這是一種趨吉避害的知識，「圖鬼神百物之形，使民逆備之」。

10　關於這一方面的話題過於複雜，需要專文討論，因此，作者正在撰寫一篇《博物傳統的興衰》。

兒的世界與人類的知識，逐漸從幻想走向實際[11]。

但是，應當注意的是，在地圖繪製中除了知識的傳統之外，還有想像的傳統。在這些歐洲古地圖上，我們應當注意看的是，地圖周圍和空白處的一些異域風情畫中的想像，這些彷彿《山海經》的關於異族的圖像，似乎透露了西方人對於東方的判斷。十六十七世紀的歐洲人對於東方這個陌生世界，一方面漸漸有了很多新知，另一方面也留存了很多舊聞，新知的實測和舊聞的想像常常摻雜在一起。香港科技大學圖書館收藏的《亞洲地圖》的封面，就畫著剛剛打開的亞洲大門口，有一群象徵了歐洲人的天使，有的在丈量地球儀上歐洲和亞洲的距離，有的在打開一幅亞洲地圖（只是東亞）仔細端詳，這種在門口茫然徜徉的狀況，就很反映歐洲人對這塊土地的好奇、茫然和幻想[12]。相當多早期歐洲所繪的世界地圖、亞洲地圖和中國地圖中，都有一些關於異域的風情畫。[13]

從思想史角度看，這些地圖的邊緣和空白處附帶的各種圖像中，最值得注意的恰恰是裏面夾雜的一些異域想像。儘管我們說，那個時

---

11 以上參看〔日〕海野一隆：《地圖に見る日本：倭國ジパンヴ大日本》，東京，大修館書店，1999；《江戶時代古地圖總覽》，東京，新人物往來社，1997。

12 感謝香港城市大學跨文化研究中心，這部收藏在香港科技大學圖書館的亞洲地圖是在2001年一次會議上作為禮物印製出來送給與會者的。

13 例如，1593年安特衛普出版的《地球科學》（Speculum orbisterrarum）中，中國和日本地圖的四周，就畫了中國人利用水鳥捕魚、日本人崇拜十一頭菩薩（只畫了並排的三個頭，但這種畫法顯然是記憶有誤，古代中國日本的是十一面觀音，並不是並排的三個頭）、用風帆的車子、以浮動的圍筏養殖等等，表達了當時歐洲人對東方的朦朧知識。而1634-1662年，布萊奧（Joan Blaeu）的《大地圖集》（Atlas Maior or Grand Atlas），不僅在非洲地圖左右兩邊畫上了十幅當地土著人的圖像，也在那幅關於中國北方的地圖的右下空白處，畫了中國皇帝圖像，看上去已經相當準確，這不僅表明歐洲殖民欲望的擴張，也證明這些年間歐洲人對世界各地，包括中國，有了不少實際的知識。又如，1772年的《亞洲地圖》中，不僅有皇帝或王族的形象，而且有各種東方的婦女形象、行刑場面、秋韆百戲、攻戰交易等等，更說明到了十八世紀，經過兩三百年，歐洲人關於東方的知識在迅速增長。

代的歐洲人有對東方和中國的無端崇拜，但也同樣有很多充滿傲慢的想像，這些沒有根據的想像，有時候比起實際知識更能透露心底深處的偏見。在十五世紀的《自然之書》（Buch der Natur, Augsburg, 1478）中遺留的關於異域的想像，仍然出現在後世，甚至包括在地理大發現以後的地圖中。「非我族類，其心必異」的觀念，並不止在中國人這裏有，在歐洲人那裏也有。像宮崎市定收藏的一幅1545年繪製的《亞洲圖》（Map of Asia Ⅷ: Scythia beyond the Imaus）裏面，左邊畫了裸形上翅一條巨腿的人，右面則畫了臉在腹部而無頭的兩個怪人和一個長了狗頭的人。畫在東亞地圖周圍，這是在暗示遙遠東亞的異類人種嗎[14]？在香港科技大學圖書館藏的那幅1493年的早期世界地圖上，更是畫了六臂的、背上長鬃的、有尾巴的、鳥頭尖喙的種種怪人，這是不是西洋人對歐洲之外的異域人的想像[15]？過去，我們都知道，在《山海經》以後，古代中國的漢族人有「天下老子為大」的想法，元代周致中的《異域志》、明代的《三才圖會》，就曾經或寫或畫了很多這樣的怪物，像「狗國」「女人國」「無腹國」「奇肱國」「後眼國」「穿胸國」「羽民國」，這些形象被當作異域人的形象看待，體現了古代中國一種相當傲慢的、把外夷視為「非人」的觀念。我曾經寫了一篇文章，說到這種想像在很長時間裏面，甚至比真實的旅行記錄更加普遍地被當作關於異域的知識。所以古代中國常常會沉湎在關於「天下」的自滿的想像裏面，這種想像常常被批評為中國式的無端傲慢和固步自封。但是，從這些歐洲來的古地圖看，這種想像是相互的，西洋人對於東方也一樣，往往是好奇加上歧視，想像加上想像。

---

14 圖見《近世の京都圖と世界圖》，66頁，京都，京都大學附屬圖書館，2001。以下引《近世の京都圖と世界圖》均同此本。本書解說中也指出，這是中世紀世界觀殘留下來的那種對於基督教世界之外的異域的理解。

15 圖見周敏民編：《地圖中國》，31頁。

地理學史也告訴我們,這種無端傲慢是有歷史傳統的。中世紀的時候,基督教以自我為中心想像了一個世界[16],標誌就是那時候的 T.O 形地圖。在 T 形世界的中心,是耶路撒冷,上方是亞洲,左下是歐洲,右下是非洲。[17]在那個時代的想像中,亞洲很神秘,像《東方見聞錄》裏講的,那極遠極遠的東方,有巨人、食人族和黑人。而非洲很野蠻,像當時地圖上畫的,有隻眼人、長腳人、無頭人、狗頭人[18]。這種傲慢與偏見,一直延續了很久很久。儘管經過地理大發現,世界漸漸地越來越全球化了,交通越來越方便,照理說,大家都可以放棄那些怪異和偏執的想像了,可是,偏見常常比知識更頑固,想像常常比觀察更流行。即使在利瑪竇的世界地圖中,也依照西洋地圖的慣例,不僅繪上了航海的帆船以象徵西洋人的足跡所至,而且畫了一些「殊方異物」,比如大魚、異鳥、怪獸等等,這背後是否有西洋人對異邦的想像?這幅地圖上的文字也同樣如此,伯西爾(約在今南美洲西北部)是「好食人肉,但食男不食女」、革利國(約在今美國西北部)「惟食蛇蟻蜘蛛等蟲」、哥爾墨(在今俄羅斯北部北冰洋沿岸)「死者不埋,但以鐵鍊掛其屍於樹林」[19]。這是否雜糅了類似中國古代的《山海經》式的想像和西洋人對異邦文明的蔑視?又比如,在麥卡托──洪第烏斯(Mercator-Hondius)1633年版的地圖集裏面,那

---

16 中世紀歐洲的世界地圖常常把海洋環繞陸地形成一個O字形,而非洲、亞洲和歐洲之間被水域分開,構成一個T字形,在這些地圖上,耶路撒冷永遠位居正中央最顯著的位置,因為在《舊約聖經》的《以西結書》中記載,「我已將它安置在列邦之中,列國都在它的四周」,見《地圖革命》,載《大地》,第140期,1999年11月號。

17 參看〔日〕織田武雄:《地圖の歷史──世界篇》,52頁。

18 參看〔日〕彌永信美:《幻想の東洋》,19頁,東京,青土社,1987。

19 利瑪竇:《坤輿萬國全圖》,見《中國古代地圖集》(明代),圖77-80,北京,文物出版社,1997。這幅圖現藏南京博物院,並非利氏原繪,而是十七世紀初由人重新繪製在六幅屏風上的。

幅分為兩半球的世界地圖正中下方，就畫了亞洲、美洲和非洲三種人的形象，向中間的歐洲人朝拜效忠，象徵著歐洲人的自大[20]。即使到了十八世紀，這種傲慢與偏見還是沒有真的被西方關於人類平等的理性驅除。比如1772年戴思諾《亞洲地圖》中關於中國的圖景，儘管當時流行「中國趣味」，它仍然有的畫了赤裸上身的人在荒嬉遊戲，有的畫了殘酷的行刑圖，而在說明文字中特意寫的是關於中國的「纏足」的事情[21]。這不奇怪，自以為已經很文明的西洋人，對於東方殘留的刑罰、對於東方的風俗，似乎格外有興趣，這種興趣背後是一份對自己文明的自信，一份對異族的好奇加上一份無端的鄙夷。

難怪愛德華・薩義德（Edward W. Said）要寫他那本《東方學》，憤憤然地批評西方人在想像中建構了一個「東方」，他說那是西方人「對東方進行描述、教授、殖民、統治等方式來處理東方的一種機制」，是西方「用以控制、重建和君臨東方的一種方式」[22]。

二　從天下到萬國：古代中國華夷、輿地、禹跡圖中的觀念世界

一般來說，在研究文字文獻比較缺乏的時代，比如上古史的時候，使用圖像資料似乎不大有人反對，像新舊石器時代考古報告裏面關於早期祭祀坑、墓葬、陪葬品等等，這是因為無可奈何。但是，在文獻足徵的時代，思想史研究是否可以大量使用圖像呢？思想是一種

---

20 圖見〔英〕菲力浦・艾倫編：《古地圖集精選──透視地圖藝術與世界觀的發展》，72-73頁。

21 圖見《近世の京都圖と世界圖》，66頁。

22 〔美〕愛德華・薩義德：《東方學》，4頁，北京，三聯書店，1999。以下引《東方學》均同此本。

容易消失的東西，如果用文字記載下來的是思想史的基本文獻，那麼，同樣要用思想來生產的圖像，為什麼不可以當作思想的敘述文本？關鍵的問題只是在於，思想史研究者如何從這些只有空間性的圖像中，詮釋出思想史需要的觀念意義。

回到地圖上來。我們都知道，地圖表述的是空間。一般來說，地圖上的空間有三類：第一，在自然世界中，空間主要只是「物理空間」（space），比如地形、植被、礦產、氣象等等；第二，在政治世界中，空間主要只是一個和領屬關係相關的地域（domain），比如國界、省界、政治中心；第三，在人類社會中，有很多人所生活和需要的空間布局，比如城市、集鎮、交通路線等等。所以，在傳統地圖上落實的，常常也是這三者。

但是地圖上的這個「空間」絕不等於是一個空間的客觀描述。因為，被描述的任何一個圖像，不僅涉及到「它」，就是面前的具體空間物象，而且關涉到「我」，就是描述者的位置、距離、方位，甚至關涉到描述者歷史形成的觀看方式。像作為地圖的《萬里長江圖》，就彷彿是把若干個不同時間和地點的長江視覺圖像連綴起來，在一幅畫面（也就是同一時間和空間）中呈現的。我們通常會說，從某地到某地是多少天多少小時的路程，就是把空間距離轉化成時間計算和表達，而《長江圖》則是把多少小時多少天所看到的圖景，在瞬間同時平行呈現於多少尺多少寸的地圖中，這是把時間轉化為空間[23]。其實，在地圖裏面，已經把「空間」人為的轉化了，不再是純粹客觀的「空間」了[24]。

---

23 參看章潢：《圖書編》，《四庫全書》影印本，卷五十八《萬里長江圖》，三頁以下。

24 比如，重視交通的，會凸顯道路而忽略其他；關心古今沿革的，會忽略物產而凸顯城鎮關隘的變化。堪輿家的地圖，注意的是朝向、方位和龍脈之所在；旅行者的地圖，關心的卻是旅遊景點和shopping地點。一般來說，古代的歷史地理學主要關心官府所在（州、縣、郡的治所）和行政地理範圍的變化。明清易代的時候，顧炎

　　所以，千萬不要相信地圖會百分之百地「還原真實」，其實，這只是某一個視角的「有限真實」。就連這種「有限真實」也很有問題。通常我們說地圖的幾個要素，如方向、位置、比例、示意的色彩以及國家的邊界等等，會隨著觀念的變化而變化。比如方向，是固定的上北下南左西右東，還是另有設計？位置，本來地理上的位置是固定的，但是是否會有意外的挪動？比例，精確的比例雖然一直是地圖的必要因素，但是難保某種意圖下的地圖繪製者會有意改變。最後是色彩，同一色彩是同一個政治領土的標誌，不同色彩則標誌著不同的領土，可是會不會有別有目的的繪製者用色彩暗示著某種政治意圖？至於邊界，更是地理上沒有而只是出現在地圖上的線條，這種邊界圈起來的版圖的形狀，會不會引起另類的政治聯想[25]？對於空間的主觀感覺和印象，有幾個因素影響很大：首先是立場，從一個方向看過去，就有了依照觀看者立場確定的左右上下；其次是感覺，根據觀察者自身感覺而來的比例，確立了描述物象的大小；再次是距離，地理上「遠」和「近」也一樣與交通能力相關；最後是顏色，地圖對空間的色彩安排，背後有對政治領土的承認。所以，我們說，人畫出來的地圖在某種意義上，既是以「我」為中心的主觀視圖，又是以「它」為基礎的客觀視圖。現代地圖中對於地理空間的描述，據說，很符合理性、科學和客觀，其實並不一定。在被人們如此這般地描繪了以後，地圖就成了主觀敘述，有了凸顯和隱沒，有了選擇與淘汰，在描述者的觀看、想像、回憶、描述中，攜帶了人的感覺甚至觀念。所

武、顧祖禹，就特別關心軍事要塞和險要地勢，這是因為心中還存在著戰爭的記憶。可是，古代那些非常重要的關隘，如甘肅嘉峪關、秦嶺大散關、河北居庸關、四川劍閣，在今天的軍事地圖中，也已經不是人們視野的焦點，而蘇伊士運河的通航，就使十五世紀以來航海圖中相當重要的好望角也不再凸顯。所以我們說，繪製地圖的觀念，會隨著時代變化而變化。

25 參看葛兆光：《思想史視野中的圖像》，載《中國社會科學》，2002年第3期。

以，地圖的地理想像（geographical imagination），實際上是一種關於政治和文明的想像，在這種想像的歷史裏隱藏著很多觀念的歷史，因此它是思想史的內容。

這裏來看一下古代中國地圖裏所含有的關於「天下」的想像和觀念。我們都知道，古代中國有一種「天圓地方」的特殊空間感覺，它形成也相當早。近年來考古發現的濮陽蚌堆龍虎、曾侯乙墓漆箱蓋上的二十八宿、北斗和龍虎圖案，各種墓室頂部接二連三地出現的天文圖像，加上古代仿傚天圓地方用來占驗的「式盤」、指示方向的司南，以及如《禹貢》《周禮》等經典文本中想像的五服、九服、九州等方形的大地，都表示古代中國關於「天圓地方」這種觀念的普遍存在，而這種觀念，又形成了古代中國自居天地中央的觀念。以前我在很多論文裏都討論過，在古代中國人心目中的天地格局，大體上就是：第一，自己所在的地方是世界的中心，也是文明的中心；第二，大地彷彿一個棋盤一樣，或者像一個回字形，四邊由中心向外不斷延伸，第一圈是王所在的京城，第二圈是華夏或者諸夏，第三圈是夷狄；第三，地理空間越靠外緣，就越荒蕪，住在那裏的民族也就越野蠻，文明的等級也越低，叫做南蠻、北狄、西戎、東夷。

很長時間以來，中國人一直對這一點很固執，固執的原因是，除了佛教以外中國從來沒有受到過真正的文明挑戰，中國人始終相信自己是世界中心，漢文明是世界文明的頂峰，周邊的民族是野蠻的、不開化的民族，除了維持朝貢關係之外，不必特意去關注他們。所以，古代中國的世界地圖，總是把中國這個「天下」畫得很大，而把很大的世界萬國畫得很小。像宋代留下來的那幾幅地圖，有的叫「華夷圖」，就是華夏加上四夷，有的叫「輿地圖」，就是說舟車可至的地方，但是，畫的還是以當時的漢族中國為中心的一圈。儘管有時也把周邊國家畫上，但比例很小，小得好像它們真的是依附在中國這個大

國身上的「寄生」物。

這種地圖畫法的傳統一直到明代仍然延續。應當注意的是，中心大而邊緣小，實際上不僅是一個地理位置的問題，而且也是在分辨價值的差異，更是在確認「自我」與「他者」。這裏我要解釋一下。第一，這和中國人對於世界的實際知識沒有關係。漢代張騫以後，歐亞大陸交往已經有絲綢之路，唐代，中國與外界交往更多，元代帝國的疆域幾乎無遠弗屆，當時從阿拉伯來的札馬魯丁還製造過三地七水有經緯線的「地球儀」，到了明代初期鄭和下西洋，已經到過了非洲的東岸，實際經歷的空間也遠遠超過了中國本土無數倍，人們知道的各種文明的情況也已經很多，但是古代中國關於「天下」「中國」「四夷」的思想與想像卻始終沒有變化[26]。第二，這和古代中國人瞭解地理和繪製地圖的技術也沒有關係。古代中國人其實地理水準很高，繪製地圖也很高明，1974-1978年在河北平山縣戰國中山王墓發現的銅版《中山王陵兆域圖》，1986年在天水放馬灘發現的秦代木牘地圖，馬王堆漢墓發現的畫在帛上的地圖，都相當有水準[27]。所以，這只能從觀念上面去理解，因為這種地圖背後是古代中國人的「天下觀念」或者說是「世界觀」。換句話說，就是一方面，古代中國這種「天圓地方」的空間觀念，使中國人想像自己處在天下之中，周圍只是小小的蠻夷；另一方面，古代中國的華夏文明中心觀念，使中國人想像四周的國家不僅地理空間小，而且文化價值也小。

---

26 例如龍谷大學所藏1402年李朝朝鮮複製中國的《混一疆理歷代國都之圖》中，關於非洲部分的知識就相當令人驚異和費解，因為它對於非洲西岸的描繪相當準確，遠遠超過同時歐洲人的知識。此據小川琢治1910年複製本，見《學びの世界——中國文化と日本》，5-6頁，京都，京都大學綜合博物館，2002。

27 據專家的研究，馬王堆帛書地圖的主圖部分描述的是湖南瀟水中上游，比例約為十萬分之一，相當精確。參看譚其驤：《兩千一百多年前的一幅地圖》，《馬王堆漢墓研究》，長沙，湖南人民出版社，1979。

　　正因為如此，十六十七世紀之間，利瑪竇的世界地圖才給中國造成了極大震撼。因為它告訴中國人：第一，人生活的世界不再是平面的，這瓦解了天圓地方的古老觀念；第二，世界非常大，而中國只居亞細亞十分之一，亞細亞又只居世界五分之一，中國並不是浩大無邊的唯一大國，反而很小；第三，古代中國的「天下」「中國」「四夷」的說法是不成立的，中國不一定是世界中心，四夷則有可能是另一些文明國度，在他們看來，中國可能是「四夷」；第四，應該接受「東海西海，心同理同」的想法，承認世界各種文明是平等的、共通的，而且真的有一些超越民族、國家、疆域的普遍真理。正是這些顛覆性的觀念，使利瑪竇的世界地圖給中國思想世界帶來了一個隱性的、巨大的危機，因為它如果徹底被接受，那麼，傳統中華帝國作為天下中心，中國優於四夷，這些文化上的「預設」或者「基礎」，就將「天崩地裂」。

三　佛教地圖：另類世界的想像

　　需要追問的是，難道古代中國沒有另外的「天下觀念」嗎？應該說還是有的，那就是佛教的「世界觀」。關於佛教的歷史和影響，不是這篇小文可以討論清楚的，這裏要說的只是佛教的世界觀，佛教有兩個關於空間的觀念，和中國人是很不一樣的。

　　第一個是包括更廣的佛教的整體世界。按照佛教的說法，世界並不是以中國為中心的一大塊，而是四大洲，中國只是在其中一洲。據佛經說，在須彌山的四周，圍繞著四大部洲，而中國在南贍部洲，其他還有東勝身洲、西牛貨洲、北俱盧洲。據《長阿含經》《樓炭經》《法苑珠林》等說，日、月、星辰都圍繞於須彌山中，普照天下，四大洲各有二中洲與五百小洲，四大洲及八中洲都住有人，二千小洲則

或住人或不住人。其中北洲的果報最勝，樂多苦少，壽命千歲，但是，那裏不會出現佛陀這樣的偉大領袖；南洲的人民勇猛、強記，但是有業行，也能修梵行，所以會有佛出世；東洲的空間極廣大，而西洲則多牛、多羊、多珠玉，僅僅是一洲上面，大國就有三十六，小國就有二千五百，而且「一一國中，種類若干，胡漢羌虜、蠻夷楚越，各隨方土，色類不同」[28]。請注意，這和中國的天下觀念就不同了，中國不是唯一的天下了，天下要比傳統的想像大得多，這倒是和以前鄒衍說的「大九州」有一點像，所以後來這種四洲、九州的說法，成了古代中國人接受新世界圖像的一個資源。

第二個是佛教的世界中心觀。由於佛教是從印度經過中亞或南亞傳來的，所以，一般來說，佛教徒或明或暗都會反對中國作為唯一中心的世界觀念。這道理很簡單，如果中國是唯一的，那麼印度佛教將如何自處？既然佛教來自天竺，真理出自印度，那麼，印度當然就是世界文明的中心。在南北朝的佛道儒論辯中，佛教曾經對世界有很多描述，也曾經論證過天下之中在印度[29]，可是，由於佛教在中國，漸漸便放棄了這一絕對的說法，改說有印度和中國兩個文明中心，或者進一步說世界有多個並列的中心，其中很流行的一個說法就是四方還有四天子。四世紀末的《十二遊經》、六世紀的《經律異相》、七世紀的《法苑珠林》中，都有這種說法，「東有晉天子，人民熾盛，南有天竺國天子，土地多名象，西有大秦國天子，土地饒金銀璧玉，西北有月支天子，土地多好馬」。而七世紀玄奘的《西域記》的序文、道宣

---

28 參看《法苑珠林》，卷二《界量部第五》，《大正新修大藏經》，卷五十三，280-281頁。

29 僧祐：《世界紀目錄序》，載《出三藏紀集》，卷十二，《大正新修大藏經》，卷五十五，88頁。按：僧祐《世界記》五卷已佚，其目錄幸好保留在僧祐自己的《出三藏記集》卷十中，主要是來自《長阿含經》和《樓炭經》，第一卷講三千大千世界、諸海、大小劫、大海須彌日月、四天下、四種姓，是佛教世界觀的重要資料。

的《釋迦方志》《續高僧傳・玄奘傳》中，也有瞻部洲四主的說法[30]。無論如何，這幅世界圖像就和傳統中國只是圍繞中國這個「天下」的不一樣了。以前正如《詩經》所說，普天之下，莫非王土，率土之濱，莫非王臣，或者像《孟子》所說，天無二日，國無二主，但是，如果接受佛教的說法，觀念中的世界將會大大不同了。

儘管後來佛教中國化了，變成了三教合一，甚至屈服於中國主流意識形態與儒家學說，但是，它曾經使中國文明天下唯一的觀念，受到了前所未有的衝擊。在佛教傳來的時候，一些中國人不能不承認「華夏文明不是唯一」「天下不是中國正中」。這本是一個重新認識世界的機會，然而這一契機並沒有成為現實，佛教堅持的世界觀念，只是留存在他們自己的著作之中。我們目前看到的，在古代中國唯一不以中國為天下正中的地圖，一是《佛祖統紀》中的三幅圖，它的《東震旦地理圖》《漢西域諸國圖》《西土五印之圖》構造了同時擁有三個中心的世界[31]。二是包括了印度、中國、西域在內的《佛教法界安立圖》。應當說，佛教關於須彌山、四大部洲以及相容中印的南瞻部洲的地理空間觀念，在近代以後，也曾經給中國、日本、朝鮮提供了改變世界觀的潛在資源。比如在日本和朝鮮，人們就一方面接受西洋新的地理知識，一方面回憶佛教的世界觀念，因此用了佛教須彌山的舊聞加上西洋五洲的新知，畫了新的世界地圖，像神戶博物館藏1709年日本製作的《南瞻部洲萬國圖》，漢城所藏1775年朝鮮製作的《輿地全圖》，就是把西方知識和佛教想像混在一起的。在這裏，世界不再只是以中國為中心，對日本和朝鮮人來說，這下子就確立了東洋（中

---

30 參看〔法〕伯希和：《四天子說》，載《西域南海史地考證譯叢》，第三編，卷一，84-103頁，北京，商務印書館，1995；〔法〕烈維（S. Levi）：《大藏方等部之西域佛教史料》，載《西域南海史地考證譯叢》，第九編，卷二，160-234頁。同上書。
31 志磐：《佛祖統紀》，卷三十二，《大正新修大藏經》，卷四十九，312-314頁。

國）對西洋（歐洲）以及自身（日本或朝鮮）的萬國圖像。

　　不過我得說明，這種衝擊並沒有從根本上動搖中國人的世界觀。佛教中國化了以後，中國佛教就很少再提這一話題了。在中國，佛教觀念的地位和影響，遠遠沒有在日本大，它還是屈服在儒家意識形態下面的，所有的一切都要先經過儒家的和官方的尺子量一量。所以，關於世界的想像，還是要再過幾百年，直到已經充分世界化了的十六世紀，西洋人來到中國，這種情況才有了改變。就是前面我們說的，直到利瑪竇的《山海輿地圖》（萬曆十二年，1584）在廣東問世，中國人才真正開始看到了「世界」，在思想上出現了「天崩地裂」的預兆。

四　內諸夏而外諸夷：以明代海防地圖為例

　　關於地圖的方向，我曾經有一次深刻的體驗。有一次，一個朋友拿著一張繪製了某個海岸線的地圖給我辨認，這個地圖沒有地名、城市、交通等等容易辨認的東西，光是地形，我實在不能看出它是什麼地方的海岸，但是當朋友把地圖旋轉90度的時候，我發現它就是我特別熟悉的中國東海沿岸，這只不過是一張上東下西、左北右南的地圖。這件事情並沒有特別的意義，它只是說明，人的感覺常常是有先入之見的，而且這種先入之見相當深，甚至成為認知的習慣。不過，如果我們知道，古代的地圖曾經是上南下北，那麼我們就應當追問，究竟為什麼人們要把它改成以及什麼時候改成下南上北的？如果說這一問題不易有結論，那麼我們再看，當人們已經習慣了上北下南地繪製地圖以後，明代關於海防的地圖為什麼又改變習慣而變成上東下西或上南下北？

　　我們知道，海防對於中國來說，本來並不是大問題，但是到了明

清，卻變得很重要很重要。因為這個時代，外患主要是從海上來，無論是倭寇還是洋人都要從海上來。所以，有人說，這是一個「海防時代」。所有的軍事重心都在沿海，因而，在明代有很多關於海防的地圖繪製出來。比如嘉靖三十五年（1556）胡宗憲的《籌海圖編》和萬曆十九年（1591）李化龍序刻的《全海圖注》，以及稍後的謝傑《虔臺倭纂》卷上的《萬里海圖》[32]，可是注意看，很有趣也是很特別的，就是這些關於海防的地圖，往往並不按照習慣的北上南下，而是大多數都把中國繪在下方，而把可能入侵的日本以及大海等放在上方，變成上東下西或者上南下北，而且在中國沿岸畫上了警戒的旌旗標誌和密密麻麻的烽堠營寨，看上去方向總是一致向外，這裏面究竟是什麼道理？

曾經幫助胡宗憲編過《籌海圖編》的鄭若曾在《鄭開陽雜著》卷八《圖式辯》中有一段話相當有意思，他說：

> 有圖畫家原有二種，有海上而地下者，有地上而海下者，其是非莫辯，若曾以義斷之，中國在內，近也，四裔在外，遠也，古今畫法皆以遠景為上，近景為下，外境為上，內境為下，內上外下，萬古不易之大分也，必當以我身立於中國而經略夫外裔，則可，若置海於下，則先立於海中，自列於外裔矣，倒視中國，可乎？[33]

值得注意的是，這裏的關鍵是「內」「外」「上」「下」，與「中國」

---

32 《籌海圖編》有嘉靖四十一年（1562）刻本，《全海圖注》有北京圖書館藏明萬曆十九年（1591）李化龍序刻本，《萬里海圖》見謝傑《虔臺倭纂》卷上，均見《玄覽堂叢書續集》，臺北，正中書局，1985。

33 鄭若曾：《鄭開陽雜著》，上海古籍出版社《文淵閣四庫全書》影印本，卷八，八頁A-B。以下引《鄭開陽雜著》均同此本。

「四裔」的分別。稍通古書的人都知道，古代中國通常要分內、外即所謂「華」「夷」，這在宋代以後成為特別敏感的話題，古代中國人對於自我和他者有很清楚的也是很嚴格的觀念，「華」是「內」「夷」是「外」。這是古代經典中的一個重要觀念。稍通經學知識的人就知道，《公羊傳》在古代中國最重要的意義，就是講「內其國而外諸夏，內諸夏而外四夷」，古代中國的「夏」就是「雅」，就是文明，就是我們，就是「內」，而夷狄就是「蠻」，就是不文明，就是「外」，這裏有嚴格的親疏遠近的差異，所以就要「分」。

其實，到了明代，中國繪製地圖從最早的南上北下，早已經調整為北上南下，至今留下的宋元兩代繪製者都已經習慣了這種方向。鄭若曾也承認，北上南下乃是通則，他也看到了通常地圖不嫌北狄在上的事實。從理論上說，北狄也是「外」，甚至鄭若曾也可以接受「天地定向，以北為上，以南為下」的說法，就是在他的其他著作中，繪製普通地圖也同樣遵循北上南下的規則，比如《籌海圖編》中凡普通的行政區地圖都是按照上北下南的規則。但是，一旦涉及到國家與民族，一旦國家與民族遇到外敵，他一定要堅持這種「內外有別」的畫法。像《鄭開陽雜著》卷四的那幅東海圖，就是把日本放在上方正中，而把明帝國放在下方，不僅在海洋上注明「倭寇至直、浙、山東諸路」和「倭寇至朝鮮、遼東之路」，而且在下方陸地一一注明倭寇入侵的路徑[34]。而他所參與編纂的《籌海圖編》中凡普通的行政區地圖是按照上北下南的規則，但海防圖則是按照海上地下的原則來畫的。以同為描述福州的卷四《福州府境圖》的上北下南和卷一《海防圖・福建七》的上東下西對照，以同為描述廣州的卷三《廣東沿海總圖》的陸上海下和卷一《海防圖・廣七》的海上陸下對照，就可以明

---

34 鄭若曾：《鄭開陽雜著》，卷四，四頁A。

白這個道理[35]。

這不是一個單純的繪製地圖方向的問題，在當時人心目中，「內」「外」「上」「下」是一個關係到民族、國家的認同和排斥，確立自我和他者的問題。順便說明的是，這不僅是古代中國的習慣。1930年，日本軍方繪製了《中國沿海圖》，繪製的日本人也同樣不管東西南北的地圖慣例，在地圖裏面，把自己隱沒在地圖的下方，而把韓國和中國的臺灣放在下面的兩側，彷彿兩隻巨鉗對著上方的被縮小了的中國大陸，在這地圖的方向的象徵裏面，我們可以看一看，是不是也有一種敵視的對立姿態？

五 大「公」無「私」：從明代方志地圖看當時人的公私觀念

有一段時間讀明代方志，附帶著也看一看地方志所附的地圖，看了以後感受很深，覺得這些地圖背後有三個觀念值得討論。

第一個是這些地圖繪製者「目中無人」，這裏的「人」指的是民眾的私人生活空間。據歷史學家說，在古代中國，城市大多是州府縣鎮的治所，是政治和軍事中心，不像近代以來的城鎮，很多是商業或消費的地方。不過，古代城市儘管以政治為中心，但城市總不能只有府廨官邸，而沒有民居市集，畢竟「民」多於「官」。梁庚堯曾經討論南宋的城市，他說，福州州治加上閩、候官兩縣的官員不過八百多人，台州的州、縣兩級官員只有五十多人，加上胥吏，也只有四百而已，可見城市裏面大多數還是平民[36]。這麼多人的居住，這麼多人的

---

35 參看《明代海防圖籍錄》，收入王庸：《中國地理圖籍叢考》，92-122頁，上海，商務印書館，1947，1956。

36 參見梁庚堯：《南宋城市的社會結構》（上），《大陸雜誌》，八十一卷，四期，1990。

吃、喝、玩、樂，必須有民居、商鋪、市集，加上歌樓、酒肆、瓦子、書籍鋪。像宋代的平江、興元府有勾欄，湖州州城、慶元府城有瓦子[37]，而元代鎮江雖然「比年以來，差調煩重，歲事不登，逃亡消乏，戶數減少」，但是《至順鎮江志》中仍然記載有「隅七」「坊二十八」「市五」「街七」「巷八十二」。[38]可見城市裏面究竟還是民眾的生活空間大。

不過，奇怪的是有關城鎮的方志地圖並不能幫助我們對當時城市空間進行想像。通常，在我們的知識中，地圖應當按照實際空間比例繪製，地面上占的空間多少，地圖上就有相應的大小。可是，明代各種方志卷首雖然有不少關於城市的府縣圖，反覆看去卻發現，現代的常識和古代的地圖圓枘方鑿。明代方志地圖上，在凸凹相間的那一圈城牆之內的——這些地圖通常都是以模擬畫法的城牆把城區標誌出來——只是若干政治與宗教的公共建築，卻沒有多少集市、街坊和其他私人生活空間。在這些地圖裏，最醒目也是常常在城市中心的，是府縣官署衙門的所在，這是政治權力的象徵[39]。

其實，在宋代並不全是這樣的，「自大街及坊巷，大小鋪席，連門俱是，即無虛空之屋」[40]。看看《夢粱錄》《都城紀勝》《武林舊

37 見王謇：《宋平江城坊考》，卷一，16-17頁，南京，江蘇古籍出版社，1999。

38 俞希魯：《至順鎮江志》，卷二，13-16頁，南京蘇古籍出版社，1999。

39 如在《（嘉靖）撫州府圖》中，凸顯的就是撫州府、臨川縣的所在，以及左邊的按察司、兵備道，加上右邊的府學；《（嘉靖）惟揚志》的《今揚州府並所屬州縣總圖》中，民物繁庶的揚州城也只畫了揚州府、江都縣等官邸；《（嘉靖）嘉興府圖記》裏的《秀水縣境圖》，從名字上說雖然是縣境，但圖中卻只有布政司、千戶所、按察司、府學等公家場所；而《（正德）大同府志》的地圖，則更醒目地標誌著「代王府」「山西行都司」和「帥府」。它們被顯著地標誌出來，透露著繪製圖志的人心目中，政治、法律和權力，它們有多麼重要。

40 吳自牧：《夢粱錄》，卷十三，178頁，見《夢粱錄·武林舊事》合刊本，濟南，山東友誼出版社，2001。以下引《夢粱錄》均同此本。

事》就知道，那時的城市生活不是冷冰冰的了無生氣，倒像《清明上河圖》裏畫的那般熱鬧。不止是都城，各地的城鎮都一樣，人們熟悉的宋代《平江圖》碑刻，畢竟還是大體按照比例繪製，街巷城坊還是一一被標誌出來的，而在《（淳熙）嚴州圖經》的「建德府」一圖裏面我們也看到，除了一些被隆重標誌的官衙之外，多少還留下了一些民居的位置[41]。大約有十來個坊，雖然在巨大的官府公廨的壓榨下，坊巷市集已經變得微不足道，可是，就算是這樣，還勉強能夠指引人們想像古代城市的空間分配。而《咸淳臨安志》裏的《臨安圖》，更在西邊並不很大的大內之外，大體按照空間比例畫出了當時臨安的民間生活空間，讓人一看上去，還知道這是一個民宅多於官府、生活大於政治的活生生的城市。可是，在明代地方志的城市地圖裏面，這種畫法卻很少見[42]，對於民眾生活的空間，也作些有意無意的忽略。

第二個是以陰間官配陽間官。除了政治建築之外，在明代方志地圖上被隆重標誌出來的還有一些宗教性建築。這指的是合法宗教的寺廟和被認可的祭祀場所，不包括不經批准的「淫祠淫祀」。這些宗教性建築常常被顯著地標誌在方志的地圖上，顯而易見，這些祭祀和供奉神靈的場所，在當時的官員和士紳，以及編寫方志的士人眼中，和公廨衙府一樣，也可以算是「公共」的「空間」。於是，在明代方志圖上，幾乎每一個城的城隍廟都被清楚地畫出來[43]。當然，每幅地圖

---

41 像東面的福善坊、建安坊，中間的政惠坊、親仁坊、輯睦坊和甘棠坊，西面的肅民坊、和興坊，等等，見陳公亮：《嚴州圖經》，《叢書集成》影印本，第3165冊，4-5頁。

42 我所看到的，有沈朝宣編《（嘉靖）仁和縣志》的卷一，還有坊隅、街巷、牌坊、市鎮的內容，卷二記載有橋樑方面的內容，但這可能只是繼承宋代杭州（臨安）地志的餘風，通常明代方志地圖，很少標誌民眾日常生活的空間。《（嘉靖）仁和縣志》，見《四庫存目叢書》，史部第194冊。

43 余鳳喈鄘衡：《（正德）嘉興志補》，卷首，《四庫存目叢書》，史部第185冊，221頁。

上也都有各地著名的大寺觀，像撫州的天寧寺和寶應寺、大同的善化寺和太寧觀等等。

不過城隍還是最顯著。據歷史學者的研究，城隍的極端重要性是在明代凸顯起來的。在奠定明朝規矩的洪武年間，明太祖朱元璋先是把城隍封王，後來認為城隍應當和地方長官一樣，於是撤了王號。但又覺得需要他幫忙管理百姓，又詔天下州縣立城隍廟，「其置高廣各視官署廳堂，其几案皆同，置神主於座。舊廟可用者修改為之」[44]，這使城隍廟和官府對應起來，陽間的城隍神成了冥界的地方官。地方官既然叫做「父母官」，又叫「州牧」，好像是代行父母管教職能的牧羊人，那麼，城隍也當然要受到隆重祭祀。所以明代的李賢在《河間新建城隍廟記》裏面，曾經先把城隍和社稷對舉，說「社稷所以養民，城隍所以衛民」，在他看來，城隍保衛全境人眾，彷彿州郡長官管理全境百姓[45]，而且地方長官就得好好地祭祀城隍，才好「與神合德」，一管陰間一管陽間。古人常常說，「遇上等人說性理，遇下等人說因果」，神道設教和官府治民是差不多的。說起來，古代中國不僅是「王霸道雜之」，而且是「陰陽官雜之」。這很有效，古人說過，「人或有不畏法律者，而未有不畏鬼神者也」。於是，在一般的觀念世界中，地方官和城隍神就分別成為陽間和陰間的管理者，而表現在方志圖經上就是，城隍廟和陽間的官署衙門一樣，分庭抗禮各自占據了重要的位置。

第三個特點，是對官方教育和養育職能的凸顯。前面說陰間與陽間兩者不可或缺，只是問題的一半，對於陽間官府來說，還有教育和養育並重的問題。古代官家不比現代政府，它是全知全能的，所以號

---

44 《明太祖實錄》，卷五十三，臺北，中研院史語所影印本。

45 樊深編：《（嘉靖）河間府志》，卷九《典禮志》引，《四庫存目叢書》，史部第192冊，517-518頁。

稱「父母官」。官員稱作「父母」而百姓喚作「子民」，把政治想像成家庭，這樣官員的權力大，但職責也多。

在地圖上可以看到這種政府的全能性質。明代地方志的圖經中，除了府縣官廨、宗教寺廟之外，特意標出的，有一類很特殊的建築，這就是官府為備饑荒而建的倉庫。像撫州府圖上，就標出了「義民倉」「布政司賑濟倉」「永豐倉」。而《（萬曆）湖州府志》則特意標出了烏程倉，《（正德）嘉興志補》中也在城牆裏面屈指可數的七個建築標誌中，安排了一個「倉」。我們看何喬遠的《閩書》，在記載福州府、泉州府等地的重要建築時，總是在官署衙門之後，就記載各種倉庫。像閩縣有預備倉三、常平倉一，候官有預備倉五、常平倉一，而古田在預備倉和常平倉外，更有際留倉、福清倉等等名目[46]。把這些倉庫標誌在地圖上，是宋代方志圖經中實際已經有的方法。自從漢代首創常平倉，隋代出現義倉，到南宋朱熹建立社倉，古代中國用於糧食調劑的三倉已經相當完備。梁庚堯《南宋的社倉》說，南宋的士人官員對於設立倉庫特別重視，連朱熹都出來提倡建設。一方面當然是為了現實考慮，不能讓饑荒導致社會不安和動盪，一方面也是理學家們的社會理想。前兩種倉庫主要在城市，社倉在農村，這樣可以稍稍調劑饑飽不均[47]，大概可以證明，從宋代以來，建設這一類應付災難的設施，已經成了地方政府的一個重要職能。

不過，除了設倉濟饑、承擔養育之外，古代中國的地方政府和官員，似乎還特別講究教育，「移風易俗」好像總是儒生出身的官員的責任。因此在地方志上還有一類建築在地圖中佔了不少位置，這就是府學、縣學和書院。其實，當時並不只有官辦的學校，從宋代起，民

---

46 《閩書》，卷三十二，第一冊，800-805頁，福州，福建人民出版社，1994。

47 梁庚堯：《南宋的社倉》，載《史學評論》，第四期，1-33頁，臺北，華世出版社，1982。

辦的地方學校已經很多，《都城紀勝》「三教外地」條就說到，「其餘鄉校、家塾、舍館、書會，每一里巷須一二所，弦誦之聲，往往相聞」。不過畫方志地圖的人眼睛裏面盯著的，卻還是這些官方的設施。儘管孟子當年也說民為重，社稷次之，君為輕，但是畢竟自古以來中國都是「官」比「民」重。因此，各地官方建立的教育機關，在地圖上被給予了僅次於官署府廨的空間位置，大多方志圖經中都不會忘記它們的存在。像前面說到的《（嘉靖）嘉興府圖記》中的《秀水縣境圖》裏面，除了千戶所、按察司這些官衙之外，單獨標出的就是府學。而在《（萬曆）湖州府志》中，不僅有府學、有歸安縣的縣學，還有著名的安定書院，那是胡安定的遺風所在[48]。

在方志地圖上特意標誌出來的這兩類建築，象徵了古代到現代，中國政治權力的用力所在。有了「物質食糧」，百姓心中不慌，秩序當然就安定；有了「精神食糧」，知識人有做進身之夢和發發大議論的場所，也有討論絕對真理的空間，士據四民之首，有了進得去的學校和望得見的官署，大概也不再會意馬心猿、惹事生非。

羅蘭·巴特（Roland Barthes）曾經說過，西方城市的中心「常常是滿滿的，一個顯眼的地方，文明社會的價值觀念在這裏聚合和凝聚：精神性（教堂）、力量（官署）、金錢（銀行）、商品（百貨公司）、語言（古希臘式的大集市：咖啡廳和供人散步的場地）」。而在

---

48 見《（萬曆）湖州府志》，卷一，《四庫存目叢書》，史部第191冊，8頁。這種政治智慧源遠流長，即使是在滿族當家的清代，這一漢族政治的傳統依然延續，清代方志地圖也還是這樣。1831年修《薊州志》的卷首地圖，除了官方公廨官署外，城市中間一字排開的，就是書院、天寶觀、公輸廟、學署、文廟，周圍一一標誌出來的，就是關帝廟、城隍廟、觀音庵、般若庵、真武廟等等。此圖藏於哈佛燕京圖書館，轉引自 The History of Cartography, Vol, 2, Book, 2: Cartography in the Traditional East and Southeast Asia Societies（Edited by J. B. Harley and David Woodward, The University of Chicago Press, 1994）。

日本東京，他卻看到一個空的中心，而正是這個空的中心，「隱藏著
那個神聖的『空無』」「以它那種中心的空洞性來支持整個城市的運
動」。他在城市空間設計中看到了它的意識形態象徵性[49]。同樣，在明
代方志圖經中重點凸顯的是官府衙門（政治權力）、宗教寺廟（宗教
權力）、學宮官倉（文化與經濟權力），也一樣呈現著古代中國的意識
形態。沒有了坊巷，沒有了市集，沒有了娛樂場所，這透露著繪製者
視界中彷彿目中無「人」，繪製地方志圖的人彷彿都那麼大「公」無
「私」。如果把方志地圖當作一個思想史的隱喻，那麼，它暗示的也
許是，這個時代「國家」越來越顯得專制，「公」全面壓倒了「私」，
甚至取消了「私」。在府廨、寺廟、學宮、官倉等等政府設施的背景
中，日常生活和私人空間在這些士大夫所繪製的地圖裏，已經全面消
退，似乎越來越沒有重要性了。

六　小結

　　愛德華‧索雅（Edward Soja）曾經說到，地理學應有三個維度，
第一個是歷史性（historicity），第二個是空間性（spatiality），第三個
是社會性（sociality）[50]。就是說地理學，包括地圖的繪製，都要考慮
歷史影響下的空間觀念、空間觀察的位置和立場、社會語境的影響。
我覺得，閱讀地圖似乎也是如此。在一份地圖的不同空間描述上，可
以看到繪製者本身的文化史。我們可以看到繪圖者區別「自我」和
「他者」的立場，可以看到繪製者心中的「世界」，以及關於這個世
界的「觀念」，還可以看到各種各樣沒有明說的政治意圖和觀念，尤

---

49 〔法〕羅蘭‧巴特：《符號禪意東洋風》，45-48頁，香港，商務印書館，1992
50 參見王志弘：《後現代的空間思考——愛德華‧索雅思想評介》，載《流動、空間與
　　社會》，17-33頁，臺北，田園城市文化事業有限公司，1998。

其是在對同一個世界的不同描述的地圖中，更可以看到各種階層和民族的觀念差異。這正像一句名言所說的：「每一個人都擁有一個不同於他人的世界。」

　　回到一開始的問題，在本文開頭我說，「怎樣才能從地圖中看出思想史，或者說，古輿圖如何作為思想史的資料」，這是一個研究方法的問題。地圖在思想史中的使用，其實並不應當有問題。很多歷史記憶，不僅是寫在文獻中的，也是儲存在圖像裏的；很多思想觀念，也不一定只是直接用文字表達，有時候它也支配著圖像的繪製。既然繪製圖像和地圖的人，都有自己的想法，這些想法會影響他對方位、比例、位置和色彩的選擇，那麼，在不同圖像或地圖上，就一定殘留著不同的思想觀念。所以，對思想史的研究者來說，在掃描和追尋歷史上的思想觀念的時候，圖像和文字的功能並沒有太大的差別。我在過去的一篇舊文中曾經說過，「問題只是在於：我們怎樣透過地圖詮釋出古人的所思所想，怎樣把無言的圖像轉化為有言的歷史」[51]。

51　見《古地圖與思想史》，載《二十一世紀》，2000年10月號，總六十一期。

山海經、職貢圖和旅行記中的異域記憶

——利瑪竇來華前後中國人想像異域的資源變化

一　想像和知識的差距：想像的異國

十七世紀的最後一年（1699），傳教士李明（Louis le Comte, 1655-1728）在他的《現時中國》中曾經批評十六世紀那些西方的旅行家和商人，說「在他們（關於中國）的記述中充滿了道聽塗說和庸俗的無聊之談」[1]。儘管這種批評不無道理，但畢竟充滿了後人對前人的無端自負。在李明寫下這句話的時代，隨著東西方之間傳教、通商和外交往來的逐漸頻繁，關於異域的知識越來越多了，但是，在這之前的一二百年，東西交往畢竟還不是那麼順暢，很多關於異域的知識是那麼艱難地一點一點積累起來的，因此在記憶中難免還有想像和揣測，在寫作時不免加上一些杜撰和誇張。

異域人看中國如此，中國人看外國也如此。在十五十六世紀，也就是利瑪竇還沒有來到中國之前，中國人對於異域，尤其是舟車難至

1　轉引自〔德〕利奇溫：《十八世紀中國與歐洲文化的接觸》，18頁，北京，商務印書館，1991。法國學者艾田蒲（Rene Etiemble）的《中國之歐洲》（鄭州，河南人民出版社，1992）也指出，1670年阿姆斯特丹出版的《耶穌會的阿塔納斯‧基歇爾的中國》（又譯為《帶插圖的中國》）雖然是「出自於當時最有影響力的耶穌會士之一之筆的著作，長期以來具有重要作用」，但是它卻「與真實性相距甚遠，良莠相混」。

的遠方,也充滿了各種匪夷所思的想像。平心而論,這些想像還並不
全是毫無根據的憑空杜撰,因為古代漢族人對於遠方異族的瞭解,可
能比我們知道得要早。不必說唐代長安占了極大比例的波斯、大食商
人等異域人,就是現存各種資料,也應當證明,古人對於周邊異族的
瞭解,比現代歷史著作中總會提到的張騫通西域還要早。邢義田曾經
在《古代中國及歐亞文獻、圖像與考古資料中的「胡人」外貌》一文
中,對此作過相當詳細和精彩的研究[2]。而1980年在周原發現的兩個
大約公元前八世紀的蚌雕人像[3],更有人認為有高加索人的特徵。
Victor H. Mair 甚至在一篇論文中,從這一猜測開始,進行了一系列
大膽的推論,甚至聯繫到古代的「巫」字的讀音,認為應當與古波斯
文 Magus,即 Magianism 一詞的來源,有直接關係[4]。如果這種說法
成立,那麼古代中國人對於異族形象的知識出現得相當早。

　　但是,觀念史上的關於異族的想像(imagine),卻與生活史中關
於異族的知識(knowledge)有差距。儘管如前所說,古代中國的漢
族人很早就應當有不少關於異族人的準確知識,但在觀念世界中卻始
終對於異域有一些來自歷史記憶的想像,並且一直到十五十六世紀,
也就是明代中葉,人們還是習慣於這些想像。這些想像的資源主要來
自古典文獻。這些文獻中,除了一般的歷史書的文字記載之外,還有
《步輦圖》《職貢圖》《王會圖》以及各種佛教壁畫中有關異族的種種
圖像;除了各種海外生活記錄如《佛國記》《經行記》等等旅行記之
外,相當重要的還有比如《山海經》《神異經》及《穆天子傳》一類半

2　邢義田:《古代中國及歐亞文獻、圖像與考古資料中的「胡人」外貌》,未刊列印
　　稿,承作者贈送,特致謝意。

3　圖見《文物》,1986年第1期,46-47頁。

4　VH. Mair:《古漢語、古波斯語和現代英語中的「巫」》(Old Sinitic Myag, Old Persian
　　Magus and English「Magian」,載《Early China》,Vol:15, 1990。

是神話半是博物的傳說。在很長的時間裏，這些想像的和紀實的資料
屢雜在一道，並糅成真假難辨的異域印象，在利瑪竇來華之前的中國
知識世界中，共同建構了「想像的異國（imagine of foreign countries）。

二　建構異域想像的三類資源：旅行記、職貢圖和神話傳說寓言

古代中國對於異域的記載不少。在唐代以前通西域至遠方者已經
極多。張騫、班超以後，儘管大多數遠行記錄與赴異域取經求法者有
關，如《釋迦方志》所提到的十六次中外交往，大多是佛教徒的取經
行為，其記載也多與其取經求法的經歷有關[5]，但是，實際上當時對
異域與異族的知識已經相當豐富。僅以圖像為例，除了傳為梁元帝的
《職貢圖》外，在各種圖像，例如唐代周昉《蠻夷執貢圖》、北宋趙
光輔《蕃王禮佛圖》等繪畫中，都可以看出古代中國人對異國異族的
形象知識已經不少[6]。即使是在宋代，雖然國土先後被遼、夏與金壓
迫，西通之道漸次遮斷，但海上交通卻因此漸漸興起。通商貿易也使
得世俗世界對於異域的世俗知識逐漸增多，其中一些還都是親聞的記
錄，內容也從宗教見聞擴大到生活世界的各個方面，如現存的《嶺外
代答》《諸蕃志》等等。寶慶元年（1225）趙汝适《諸蕃志序》中說
到，他在擔任福建路提舉市舶司時，曾經「暇日閱《諸蕃圖》」，又
「詢諸賈胡，俾列其國名，道其風土與夫道里之聯屬，山澤之蓄產，

5　道宣：《釋迦方志》，范祥雍校點本，96-98頁，北京，中華書局，1983。

6　周昉《蠻夷執貢圖》中畫有一西域胡人，雙手以繩牽一羊，鬍鬚長袍，腰懸短刀，
　見《故宮人物畫選萃》，3頁，臺北，故宮博物院，1976。北宋趙光輔《蕃王禮佛
　圖》中畫蕃王之側，有15個形狀各異的異族人，原畫藏美國The Clevel and Museum
　of Arts，見《海外遺珍（繪畫）》，21頁，臺北，故宮博物院，1985。

譯以華言，刪其穢渫，存其事實」[7]。至於元代以後，國土開拓到無
遠弗屆，水陸兩路更是交通頻繁，一些中國漢族士人也已經明確地意
識到，中國只是世界的很小一部分，「十二州之內，東西南北不過綿
亙一二萬里，外國動是數萬里之外，不知幾中國之大」，並認為若以
二十八宿來分配天下，「中國僅可配斗牛二星而已」[8]。

　　從元到明，有不少出使者和航海者的親身經歷，使這種關於異域
的知識更加豐富，如《真臘風土志》《島夷志略》等等。再加上各朝
各代異國使者幾乎不間斷的朝貢，人們對於異域人物與風俗的知識，
其實已經相當多了。以明成祖一朝為例，就有古里貢方物（1403）、
別失八里貢玉璞（1404）、渤泥貢片腦（1405）、小葛蘭貢珍珠傘
（1407）、忽魯謨斯貢馬（1412）、哈烈貢獅子（1413）、榜葛剌貢麒
麟（1414）、麻林進神鹿（1415）、不剌哇貢象（1416）、法祖兒貢駝
雞（1421）等等，大小遠近達百次以上[9]。正如《四庫全書總目》所
說，如果說南宋時的《諸蕃志》還「多得於市舶之口傳」，那麼到了
《島夷志略》，則開始「親歷而手記之，究非空談無徵者比」。此後的
明代，在利瑪竇來華之前，如《瀛涯勝覽》《星槎勝覽》《西洋番國
志》等等。大都已經是「親歷而手記」之書了[10]。

　　可是，有一點總是很奇怪。儘管對於異域的實測知識越來越多，
可是在素來習慣於從古典文獻中接受各種知識的中國士人那裏，關於
異域與異族的想像，卻仍然常常來自對古典的揣摩和理解。提供異域

7　楊博文：《諸蕃志校釋》，1頁，北京，中華書局，1996。以下引《諸蕃志校釋》均同
　　此本。

8　周密：《癸辛雜識》，後集《十二分野》，81-82頁，北京，中華書局，1988。

9　參看龔予等編《中國歷代貢品大觀》（上海，上海社會科學出版社，1992）的統計。

10　像鞏珍《西洋番國志》中關於「祖法兒國」「阿丹國」的宗教信仰、服飾、語言、曆
　　法的記載，就已經很準確了，見《續修四庫全書》，影印知聖道齋抄本，第742冊，
　　386頁，上海，上海古籍出版社。

知識的所謂「古典」主要是古代的歷史著作，如《史記》《漢書》
等，而這種記載以「歷史」的名義享有「真實」，以至於後人常常把
這些本來記載於文史不分時代的文字，統統當作嚴謹的歷史事實。在
此之外，對於一般人來說，主要來自三類資料。一是旅行記。這些本
來應當是實錄的東西，由於作者自身的知識和經驗，常常把原來習得
的記憶和資源帶進自己的記錄中，所謂「耳聽為虛」常常會遮蔽「眼
見為實」。特別是他們對異域之「異」的格外興趣，總是使他們的旅
行記不由自主地把「實錄」變成「傳奇」。二是類似《職貢圖》一類
關於異域人物的圖像。這些圖像並不只是收藏在宮廷，民間也有種種
流傳，並被一些小說、類書的插圖所轉錄。這是一種來自古代的博物
傳統。儘管主流知識思想與信仰世界把記載各種異怪奇珍知識不當回
事，即「遐陬珍怪，則百家九流稗官野史之所自出」，但是他們也不
排斥這些知識，把它當作博聞多識之途徑。說起來是為了「使民知神
奸，山澤川林，不逢不若，於傳載之」[11]。像《博物志》和後來很多
的類書，都在盡可能地搜羅各種文獻的記載。在它們良莠不齊、有聞
必錄的彙編中，有各種或真或假的異域記載，也在後來充當著真實的
或想像的資源，而很多涉及異域的插圖，也會成為這種資源的一部
分。三是古代以來的各種神話傳說、寓言想像。比如《穆天子傳》
《莊子》《十洲記》及《搜神記》等等，因為這些文字中所記載的神
話傳說中有想像空間。其中，《山海經》一類的文獻似乎特別重要。
正如馮客（Frank Dikotter）在《近代中國之種族觀念》（The
Discourse of Race in Modern China）中提到的那樣[12]，《山海經》關於
四周地域的各種「人」的想像，充當了對任何異域事物進行解釋和描

11　羅曰褧：《咸賓錄》，卷首，10頁，北京，中華書局，2000。原標點有誤，今改。
12　〔英〕馮客：《近代中國之種族觀念》，8頁，南京，江蘇人民出版社，1999。以下引
　　《近代辛國之種族觀念》均同此本。

述的資源，特別是關於那些似乎具有「非人」特徵的異域人形象。

三　想像加上想像，故事加上故事：女國、狗國與屍頭蠻

　　前面我們說過，在利瑪竇之前的古代中國人，對於異域的記載已經有不少相當準確和清楚的內容，特別是一些有使外經歷的人的文字記述。這裏再舉一些例子。南宋淳熙五年（1178）周去非撰《嶺外代答》，在卷二《海外諸蕃國》中提到，「西南諸國……遠則大秦為西天竺諸國之都會，又其遠，則麻離拔國為大食諸國之都會，又其外，則木蘭皮國為極西諸國之都會」。又卷三《大秦國》條記載那裏的國王很少出來，「惟誦經禮佛，遇七日即由地道往禮拜堂拜佛」「國有聖水，能止風濤，若海揚波，以琉璃瓶盛水灑之即止」。同卷《大食國》條則記載其人「各以金線挑花帛纏頭搭項，以白越諾金字布為衣，或衣諸色錦，以紅皮為履，居五層樓，食面餅肉酪，貧者乃食魚蔬」。又記載吉慈尼國，「其國有禮拜堂百餘所，內一所方十里，國人七日一赴堂禮拜，謂之除（或作廚）蠻」[13]。

　　這大體是實錄。本來，這樣的實錄應該由於旅行的範圍漸寬而愈加增多，但是，觀念世界的「異域想像」卻並不如此。從明代初年到利瑪竇來中國之前，不少關於異域和異族的書被編撰和刻印出來，除了像馬歡《瀛涯勝覽》、費信《星搓勝覽》之類的旅行記之外，還有一些像鞏珍的《西洋番國志》（宣德九年）、黃衷的《海語》（嘉靖初年）、嚴從簡《殊域周諮錄》（萬曆二年）、游樸《諸夷考》（萬曆二十

---

13 分別見於周去非：《嶺外代答》，《四庫全書》影印本，卷二，十頁A-B；卷三，一頁B-二頁A；卷三，三頁B，上海，上海古籍出版社。

年）這類「顧僅抄撮諸史外國傳及輿地之書」的著作。這些書仍然常
常習慣性地抄撮「古典」，因此，對於那些遙遠的國度與民族，總是
在真實的記載之外又加上來自傳說的想像。像對於大秦國西面，上引
《諸蕃志》卷上就在種種真實的記載之後加上了「或云」，說「其國
西有弱水、流沙，近西王母，幾於日所入也」，而這種想像之辭最早
來自《史記》，而這幾句話就直接採自《後漢書》[14]。當時的傳聞經過
了歷史的記載和時間的積澱，便在古代這種尊重歷史文字的習慣中，
彷彿了真實故事[15]。一直到明代萬曆年間游樸的《諸夷考》卷一，在
翻大秦時還說「有弱水流沙，幾於日人之處」[16]。同樣，1228年，相
當於南宋紹定元年，耶律楚材寫成《西遊錄》，其中提到黑色印度
城，本來這部《西遊錄》是他的旅行記錄，但是當他把傳聞也納入這
種實錄時，就羼進了想像：「盛夏置錫器於沙中，尋即溶鑠，馬糞墜
地為之沸溢，月光射人如中原之夏日，遇夜，人輒避暑於月之陰。此
國之南有大河，闊如黃河，冷於冰雪。」據研究者說，黑色印度城大
約是今印度和巴基斯坦北部一帶，但這種夜寒的描述卻是想像[17]。可
這樣的記載仍然被寫在了後來的四裔書中，古代的想像加上後來的想

---

14 《史記》卷一二三《大宛列傳》中記載張騫的話，只是傳聞，說「安息長老傳聞條
　支有弱水、西王母，而未嘗見」。《漢書》卷九十六上《西域傳》同。但是，魚豢
　《魏略》已經發現了這種傳聞的問題，因為對安息和大秦已經有所瞭解，因此批評
　這是謬傳，見《三國志》，卷三十注引《魏略·西戎傳》，860-861頁，北京，中華書
　局。於是到了《後漢書》卷八十八《西域傳》，雖然用了「或云」二字說明仍是傳
　聞，但是把「弱水」從已知的條支、安息、大秦推向更遠的「（大秦）國西」，又在
　「弱水」後加了「流沙」，再加上「幾於日所入也」，這樣就避開了增長的知識，使
　那個想像的國度更加渺遠和神奇。
15 楊博文：《諸蕃志校釋》，81-82頁。
16 《諸夷考》，《續修四庫全書》影印本，第742冊，卷一，445頁，上海，上海古籍出
　版社。
17 向達校注：《西遊錄》上，《西遊錄·異域志》合刊本，3頁，北京，中華書局，
　1981。

像，故事上面疊加故事，便使得越來越多的傳聞進入了歷史。

這裏舉一個很典型的例子。比如關於「女人國」[18]，這個由於《西遊記》而被普遍記住的傳說其實來源很早，在《山海經》中，《海外西經》和《大荒西經》分別都有「女子國」的記載[19]。在《三國志‧魏志‧東夷傳》所謂其國「在海中，純女無男」和《後漢書‧東夷傳》所謂「其國有神井，窺之輒生子」的記載之後[20]，這個出自想像的異邦，一方面作為歷史傳聞被《梁書‧諸夷傳》《南史‧夷貊傳》等史書所記錄[21]，一方面也作為一種博物知識被《博物志》《杜陽雜編》《太平御覽》《冊府元龜》《事林廣記》所抄錄。到了北宋劉斧撰《青瑣高議》，便在前集卷三《高言》一則中記載「東南有女子國，皆女子，每春月開自然花，有胎乳石、生池、望孕井，群女皆往焉，咽其石，飲其水，望其井，即有孕，生必女子」，可見傳聞日廣，而且已經添油加醋。而南宋以後的很多著作，如《嶺外代答》卷三、《諸蕃志》卷上，則近一步接受了《大唐西域記》卷四婆羅吸摩補羅國北大雪山中有「東女國」和卷十一拂懍國西南海島有「西女國」的想像，以及《新唐書》卷二二一上《西域傳》關於東西各有「女國」，東女國是羌人別種，「東與吐蕃、黨項、茂州接，西屬三波珂，北踞于闐」的似乎實錄的歷史記載。在這些旅行實錄和歷史著作

---

18 關於女國或女人國，可以參看〔法〕希格勒（Gustave Schlegel）：《中國史乘中未詳諸國考證》，此文備引中外著述，考證頗詳，只是在引用漢文文獻時略有遺漏和疏略，載馮承鈞譯：《西域南海史地考證譯叢》，第三輯，北京，商務印書館，1999。
19 袁珂：《山海經校注》，220頁、400頁，上海，上海古籍出版社，1980。
20 分見《三國志》，卷二十，847頁；《後漢書》，卷八十五《東夷列傳》，2817頁。
21 《梁書》卷五十四《諸夷傳》和《南史》卷七十九《夷貊傳下》都是引述慧深的話：「扶桑東千餘里有女國，容貌端正，色甚潔白，身體有毛，髮長委地，至二三月竟入水則妊娠，六七月產子……」

之外，更添加想像，說有東、西兩個女人國[22]。而且，據趙汝適《諸蕃志》說，關於女人國的事情，是由於有「一智者夜盜船亡命得去，遂傳其事」，這樣本來「查無實據」的傳聞由於經過了「遠行者」的證實、「正宗歷史」的記載，還附加了「眼見為實」的經驗，便借著實錄的表象夾雜在真實的地理記錄之中。後來的元人周致中的《異域志》便接受了這一說法[23]，使這種本來只是傳聞的故事，轉成了真實的知識。

關於異域蠻族「非人」和「野蠻」的故事，常常並不來自異域的觀察，而是來自本土的想像。古代中國人相信自己的「文明」，而想當然地認定四夷的「野蠻」，當他們仍處在這一歷史傳統中，挾著本土的想像去看異域的生活時，總是把一些恐怖怪異、不可理喻的事情附益在自己並不熟悉的空間裏。例如關於「佛郎機國」好食小兒的傳說，在《殊域周諮錄》卷九《佛郎機》中，就不知道從什麼地方聽說此國與爪哇相對，因而也一樣好食人肉，尤其「好食小兒」，而且它還仔細想像和記載了小兒的食法，是「以巨鑊蒸水成沸湯，以鐵籠盛小兒置之鑊上，蒸之出汗，汗盡乃取出，用鐵刷刷去苦皮，其兒猶活，乃殺而剖其腹，去腸胃蒸食之」[24]。特別是關於「狗國」的記載，這是一個把異族想像成非人類的例子。自從《梁書》與《南史》

---

22 分見李羨林等：《大唐西域記校注》，408頁、943頁，北京，中華書局，1985；《新唐書》，卷二二一，6218-6219頁。據《諸蕃志校釋》卷上，130-131頁，東南有一個女人國，「其國女人遇南風盛發，裸而感風，即生女也」，西海還有一個女人國，與上一個不同的是，這裏只是「以女為國王，婦人為吏職，男子為軍士，女子貴，則多侍男，男子不得有侍女，生子從母姓」，已經和《大唐西域記》《新唐書》不同了。

23 周致中：《異域志》，陸峻嶺校注本，卷下，54頁，北京，中華書局，1981。以下引《異域志》均同此本。

24 參見嚴從簡：《殊域周諮錄》，上海古籍出版社《續修四庫全書》影印本，第735冊，卷九，711頁。以下引《殊域周諮錄》均同此本。

記載天監六年（507）晉安人渡海漂至一島，看到「女則如中國，而言語不可曉，男則人身而狗頭，其聲如吠」，因而把傳聞變成歷史、把想像當作地理，以後有不少書都輾轉抄撮，到元明兩代更附會增添。如《異域志》卷下說它在「女真之北，乃陽消陰長之地，得天地之氣，駁雜不純」，所以男子長得像狗，不能說人話，聲音像狗叫，還傳說遼代有商人到過那裏；而明代的《殊域周諮錄》則說它在中國的「正西，崑崙狗國，塌耳貫胸」；而在《三才圖會》中，不僅繪製其形，而且說狗國離應天府「行二年二個月」，還繼承《異域志》的說法，添油加醋地把那裏的女性從「言語不能曉」改寫成了「能漢語」，而且深明大義，教流落到那裏的中國男人用「肉筋誘狗」的方法，使他逃回中國。於是又把傳聞演繹成了小說，並在小說中寄寓了中國文明與中國男性的自我中心觀念，隱含了對異域和異族的嘲諷和拒斥[25]。

再比如關於屍頭蠻，《島夷志略》「賓童龍」條記載說，這些叫做「屍頭蠻」的女子「亦父母所生，與女子不異，特眼中無瞳仁，遇則飛頭食人糞尖，頭飛去，若人以紙或布掩其頸，則頭歸不接而死。凡人居其地大便後，必用水淨浣，否則蠻食其糞，即逐臭與人同睡，倘有所犯，則腸肚皆為所食，精神盡為所奪而死矣」[26]。據校釋者猜測，這大約是從《搜神記》《酉陽雜俎》一類博物志怪小說，以及《新唐書・南蠻南平僚傳》等等歷史記載中的飛頭故事中衍生而來的。可是由於它曾經在擁有「真實」的「歷史」中出現過，因此在習

---

25 見姚思廉：《梁書》，卷五十四《諸夷傳》，809頁；李延壽：《南史》，卷七十九《夷貊傳下》，1977頁；王圻：《三才圖會》，29頁，上海，上海古籍出版社，1988。以下引《三才圖會》均同此本。又，這種傳聞在清末還有，如俞樾〈茶香室續鈔〉（北京，中華書局，1995）卷十九「狗頭人」便引陳鼎《滇黔紀遊》說，狗頭國在金沙江上游，要走一百二十多天才能到達，「上下衣服同中國，口耳眉目皆狗也」。

26 汪大淵著，蘇繼廎校釋：《島夷志略校釋》，63-64頁，北京，中華書局，1981。以下引《島夷志略校釋》均同此本。

慣於「有書為證」的古代中國士人那裏，它似乎也擁有了真實性。這樣的記載從元代到明代陳陳相因，在擁有歷史傳統的記載中被反覆抄錄。像曾經親自隨船到過異域的鞏珍、馬歡、費信，在他們寫成的《西洋番國志》《瀛涯勝覽》和《星槎勝覽》中也同樣記載著占城國的「屍只於」「屍致魚」或「屍頭蠻」[27]。而明代的黃衷在《海語》卷下引述關於「屍頭蠻」的這些說法的時候，還要引他的僚友、鄉伯、鹽商以及《雙槐集》的說法來作佐證，證明「六合之中，無所不有，而海外神怪為多，故曰視聽之表，聖賢有不言者也」[28]。同樣奇異的是，元成宗元貞元年（1295）奉命出使真臘的周達觀，更是特別記載了那裏的一個傳說：說國王要夜臥金塔之下，與當地的九頭蛇精「同寢交媾，雖其妻亦不敢入，二鼓乃出，方可與其妻妾同睡。若此因一夜不見，則番王死期至矣。若番王一夜不往，則必獲災禍」。他又注意到了那裏「多二形人，每日以十數成群，行於墟場間，常有招徠唐人之意，反有厚饋，可醜可惡」[29]，這大概也是一種傳聞和想像，而想像的背後，除了天朝大國對於蠻夷的不屑和輕蔑外，就來源於一些人們常常閱讀的古典。而這些新典過了若干年代又成為古典，再被人們抄進新書，因此到了明代，仍然有人接著復述這些奇怪的故事，像嚴從簡的《殊域周諮錄》卷八記載「真臘」，就再次敘述了這一故事，並且引了《吾學編》《宋史》等等，說明「有史為證」[30]。

27 鞏珍：《西洋番國志》，上海古籍出版社《續修四庫全書》影印本，第742冊，375頁；
　　馬歡：《瀛涯勝覽》，上海古籍出版社《續修四庫全書》影印本，第742冊，392頁；
　　費信：《星槎勝覽》，上海古籍出版社《續修四庫全書》影印本，第742冊，410頁。
28 黃衷：《海語》，《四庫全書》影印本，第594冊，卷下，134頁，臺北，商務印書館。
29 周達觀著，夏鼐校注：《真臘風土記校注》，64頁、102頁，北京，中華書局，1981。
30 嚴從簡：《殊域周諮錄》，第735冊，卷八，676頁。

四　利瑪竇之前的異域想像：來自古典知識和歷史記憶

　　陶淵明的兩句詩「泛覽周王傳，流觀山海圖」是人們相當熟悉的[31]，「周王傳」是指《穆天子傳》，「山海圖」指的是《山海經》以及圖像。古代很多士人大約都有這樣的讀書經歷，也大約從這些「開拓心胸」的書中獲取了相當多超越經典和現實的知識。除了記載想像中極西崑崙的《穆天子傳》和四海大荒的《山海經》外，這種知識還應當包括被戲稱為「談天」的鄒衍「大九州」學說，這一類書應當還包括像道教想像三島十洲的《玄中記》《十洲記》以及佛教想像四大部洲的各種經典。儒者「一物不知則以為恥」的博物傳統恰恰是他們超越儒家知識邊界的動力，而陶淵明的詩句常常是他們用來申明這種知識合理性的一個依據。正如許有壬《安南志略・序》中所說的：「士之為學，當籠絡宇宙，天之所覆，宜皆知之，而或窒於通，或蔽於過，則見聞有弗深考。窮壤之外，淪混之墟，尚可知乎？淵明覽《周王傳》《山海圖》以自適，其胸中高世之致，可念見已。」[32]

　　古代關於天下的地圖有所謂《輿地》之名，所謂「輿地」指的是「舟車所至」的範圍。不過古代的舟車大約所到有限，在舟車和旅行的足跡所能到達的空間之外，人們就不免要屬人推測和想像，而它的知識資源便常常是這些今天看來匪夷所思的怪異之談[33]。因為那些被確立已久的儒家經典和正統歷史，似乎並不足以支持對那些未知地域和未知文明的好奇，所以很早以前人們就只好挪用這些「非正統」的

31　陶淵明：《讀山海經十三首》，《陶淵明集校復》，卷四，335頁，上海，上海古籍出版社，1996。

32　〔越〕黎崱：《安南志略》，武尚清點校本，卷首，5頁，北京，中華書局，1995。

33　真人元開著，汪向榮校注的《唐太和上東征傳校注》（北京，中華書局，1979）記載天寶年間鑒真東渡時，經過蛇海、飛魚海、飛鳥海，海上有四金魚、四白魚等等。

和「非中心」的知識。在唐宋的一些通用類書如《北堂書鈔》《藝文
類聚》《初學記》《太平御覽》中都可以看到，凡是涉及怪誕、神奇和
異域異俗的地方，總是會出現《山海經》《玄中記》《十洲記》[34]。即
使是在異域知識更充分的後代，這一習慣也沒有多大改變。至正十年
（1350），張翥在給汪大淵《島夷志略》寫的序文中儘管批評人們
「多襲舊書，未有身遊目識，但也不得不引用鄒衍的說法支持關於天
下的新知識：「九州環大瀛海，而中國曰赤縣神州。其外為州者復
九，有裨海環之。人民禽獸，莫能相通。如一區中者乃為一州，此鄒
氏之言也。人多言其荒唐誕誇，況當時外徼未通於中國，將何以徵驗
其言哉？」[35]直到明代，黃衷《海語》卷下記載「人魚」，要引《山海
經》「姑射國在海中屬列姑射，西南有陵魚人」為證。而差不多同時
的黃省曾，在《西洋朝貢典錄》卷上《蘇祿國第七》，提到《星槎勝
覽》中記載巨珠重幾八兩，也不由想起《列仙傳》的記載；卷中《溜
山國第十四》中提到弱水，就不由想起「《山海經》諸古書及酈道元
所引」，並且歎息「見覽雖益廣遠，而天地之大，終不能窮焉」[36]。

　　古代的想像和真實的知識常常需要有相當長的時間才能互相剝離
開來，元代的周致中《異域志》就沒有區別傳說和真實的界限，把當
時古典文獻中的想像和實地旅行的見聞混在了一起，所以他的書裏有
很多諸如「狗國」「女人國」「無腹國」「奇肱國」「後眼國」「穿胸
國」「羽民國」「小人國」「交頸國」等等的記載，大半來自《山海

34 例如《北堂書鈔》記載「獻吉光毛裘」「胡王靈膠」「大秦出金環」「風獸似豹」；
　　《藝文類聚》記載「大月氏牛名日及」「周穆王時夜光杯」「南方有炎山」「車渠出
　　天笁」「瑪瑙出月氏」；《初學記》記載「千呂」「風入律」「月氏之羊」；《太平御
　　覽》記載「炎火山」和「炎洲」、「驚精香」等等。
35 汪大淵著，蘇繼廎校釋：《島夷志略校釋》，1頁。
36 分見黃衷：《海語》，《四庫全書》影印本，卷下，第594冊，136頁；黃省曾著，謝方
　　校注：《西洋朝貢典錄校注》，卷上、卷中，47頁、79頁，北京，中華書局，2000。

經》。而汪大淵的《島夷志略》則注意到了這些知識的來源，他在書後有一段特意安排的「異聞類聚」，分別從《博物志》《窮神秘苑》《神異錄》《酉陽雜俎》《神異記》《廣州記》《南楚新聞》《玉堂閒話》採錄了一些怪異的傳聞，其中奇肱國飛車、頓遜國鳥葬、骨利國夜短、大食國山樹花、婆登國谷月一熟、繳濮國人有尾、南方產翁、女人國視井生子、茶弼沙國日入聲如雷等等，據沈曾植和藤田豐八的考證，大體出自《太平廣記》《事林廣記》等類書[37]。汪大淵把它們放入「異聞類聚」，其實心裏可能已經明白這些知識只是傳聞。到了明代，就在利瑪竇來華之前，其實人們關於世界的知識已經開始豐富，湯開建在一篇論文中曾經指出，大約在利瑪竇來華的同時，當過廣州布政司參政、左布政司的蔡汝賢，在《東夷圖說》中已經正確地描繪了佛郎機人的形象，說明人們已經獲得關於西方世界的一些知識和印象[38]，但是儘管如此，古代的《山海經》和《十洲記》之類的東西，仍然參與建構了利瑪竇來華以則古代中國人對於「異域」的想像。順便說一下，最近相當流行的愛德華‧薩義德《東方學》一書，曾經深刻地指出了在西方的漢學和伊斯蘭學（Sinology and Islamic Studies）的知識背景，並相當嚴厲地追問這些知識是如何獲得的，這些知識背後的依據與前提是什麼，話語與知識如何參與了有關所謂「東方」的歷史真實的創造？他指出「作為一個地理的和文化的——更不用說是歷史的——實體，『東方』和『西方』這樣的地方和地理區域都是人為建構起來的」[39]。所謂「東方」常常不過是為與「西方」相對應而存在的一種想像和建構。但是，如果我們回頭來看沉湎於天下想像中

---

37 汪大淵著，蘇繼廎校釋：《島夷志略校釋》，379-380頁。

38 湯開建：《中國現存最早的歐洲人形象資料——東夷圖像》，載《故宮博物院院刊》，2001年第1期。

39 〔美〕薩義德：《東方學》，7頁。

的古代中國，看這些被半真半假的見聞和異聞編織起來的異域知識，就可以知道，古代中國對於異域也同樣存在著一種想像。在這個意義上說，古代中國關於「異域」的這些描述，並不是關於當時人對於實際世界的知識，而是對於「中國」以及朝貢體制的「天下」與「四夷」的一種想像。

最能夠說明當時一般知識與思想世界中關於「異域」的普遍知識和觀念的，是大體成書於利瑪竇來華前夕，由王圻和他的兒子王思義合編的類書《三才圖會》，特別是其中那幾卷關於外國的圖文。一般來說，類書是當時人普遍常識的歸納，而這部繪圖的類書則更形象地表現了人們的想像[40]。這部流傳極廣的類書，從《人物》第十二卷起，一列舉了高麗、女真以下的四裔各國，看上去應當是四裔的實際知識，不過，它卻在真實的四邊各國，如高麗、暹羅、真臘等等之中，屢有如女人國（827頁）、狗國（829頁）之類的想像和傳說；在第十三卷的琉球國、日本國、西洋國之中，也加上了諸如君子國（836頁）、猴猻國（848頁）、氐人國（848頁）、一臂國（851頁）、一目國（852頁）之類同樣出自《山海經》的奇聞；而在最後的第十四卷裏，更是記錄了很多怪誕的國度，如三首國（856頁）、三身國（856頁）、長人國（856頁）、羽民國（857頁）、小人國（858頁）、聶

---

40 明代周孔教《三才圖會‧序》：「君子貴多識，一物不知，漆園以為視肉撮囊，且儒者不云乎，致知在格物，按圖而索，而上天下池、往古來今，靡不若列眉指掌，是亦格物之一端，為益一也；萬物鼓鑄於洪鈞，形形色色，不可以文字揣摩，留侯狀貌如婦人好女，匪圖是披，將以為魁梧奇偉一大男子，食蟹者儻盡信書，直為勸學死耳，得是圖而存之，元俟讀書半豹，而眼中具大見識，鴻乙無誤，為益二也。然鐘鼓不以饗爰居，而冠冕不以適裸國，方今圖不以課士，士又安用圖為？是亦爰居之鐘鼓，裸國之冠冕也，為圖一窮。筆精墨妙，為吾輩千古生涯，子云且薄為小技，矧圖涉丹青之事，即童稚且嬉戲視之，孰肯尊信如古人所謂左圖右史者乎，是為圖二窮。」見王圻編：《三才圖會》，卷首，2-3頁。

耳國（858頁）、無腹國（859頁）、穿胸國（860頁）、長毛國（861
頁）、繳濮國（862頁）、柔利國（863頁）、奇肱國（864頁）、婆羅遮
國（867頁）等，當然，也有大秦這樣渺遠而陌生，要借助想像才能
瞭解的遠方國度。[41]

　　對於一些已經有親歷記錄的國度，記錄中也往往並沒有依照親歷
的記錄進行介紹，而是在字裏行間充滿了匪夷所思的想像。如「暹羅
國」條說那裏的風俗，「男子自幼割陽物，嵌入八寶，以衒富貴，不
然則女家不妻也」；「匈奴」條說匈奴有五種，其一為「黃毛首，乃山
鬼與黃牸牛所生」，其二為「玃猲與野豬所生」[42]。前面說過，通常類
書所記錄的是日用常識，古代中國人的很多知識，除了來自正統的經
典之外，就來自這些充當了知識淵藪的類書。可是，就在利瑪竇來華
之前，人們儘管已經有了很多確鑿的異域知識，在觀念世界中，尤其
是在一般思想世界中卻還是被這種想像的異邦所籠罩。和其他民族的
想像一樣，古代中國對於異域的想像，也是從自身已有的古典，以及
所負載的歷史和經驗開始的，正如保羅・康納頓（P. Connerton）說
的，「我們對現在的體驗在很大程度上取決於我們有關過去的知識。
我們在一個與過去的時間和事物有因果聯繫的脈絡中體驗現在的世
界，從而，當我們體驗現在的時候，會參照我們未曾體驗的事件和事
物」[43]。在無從建立被普遍認同的標準和真理時，來自歷史和傳統的

---

41 其中如「穿胸國」「交頸國」「奇肱國」「三首國」「三身國」「長臂國」「聶耳國」
　「君子國」等等，大都出自《山海經》。而它最直接的來源，可能是根據元代周致
　中的《異域志》編成的《異域圖志》，參看《異域志》，3頁。

42 王圻編：《三才圖會》，818-820頁。又，參見下列記載，如交趾國（820頁）對當地
　人的形容、大食弼琶羅國（825頁）條對那裏婚俗的介紹、沙弼茶國（826頁）對日
　落時吹角鳴鑼風俗的描述，以及狗國（829頁）、西洋國（844頁）、丁零國（847
　頁）等等。

43 〔美〕保羅・康納頓：《社會如何記憶》，2頁，上海，上海人民出版社，2000。

經驗決定著評價的尺度，支持著想像的產生，就像人總是根據自己的大小來描述事物的大小，總是根據自己的交通能力理解地理的遠近一樣，在一個尚不能靠舟車所至來親自瞭解世界的時代，人們也只能借助類似《山海經》這樣的神話、《職貢圖》這樣的圖像和旅行記一類的見聞來建構世界，只是在這些羼雜了幻想、傳聞和實際觀察的知識中，總是滲透了觀察者自己的固執、偏見和想像[44]。

五 利瑪竇來華之後：從「天下」到「萬國」

萬曆年間，也就是利瑪竇來到中國的時候，不僅是《三才圖繪》還在沿用過去的想像，于慎行（1545-1608）所撰《穀山筆塵》卷十八中，也還在沿用舊時的說法，把中國放在中央。不過，自從利瑪竇來華之後，特別是關於世界的地圖被繪製出來之後，這種關於天下的想像開始發生根本的變化。看到利瑪竇世界地圖後，李之藻承認這種關於新的世界的知識對於他的震撼，「地如此其大也，而在天中一粟耳，吾州吾鄉，又一粟中之毫末，吾更藐焉中處，而爭名競利於蠻觸之角也歟哉……」於是，他批評固守舊說的人是自錮其耳目思想，「孰知耳目思想之外」有如此殊方異俗，地靈物產，真實不虛者，此見人識有限而造物者之無盡藏也」[45]。而稍後的瞿式谷在《職方外紀小言》中也說，「嘗試按圖而論，中國居亞細亞十之一，亞細亞又居天下五之一，則自赤縣神州而外，如赤縣神州者且十其九，而戔戔持

---

44 馮客曾經指出，中國古代人把皮膚過白的歐洲人和過黑的非洲人通通看成是不正常的，其實是因為不自覺地把自身預設為「正常的」膚色，何況它還恰好牽合了「黃」為中央之色的古代學說。參看〔英〕馮容：《近代中國之種族觀念》。

45 艾儒略著，謝方校釋：《職方外紀校釋》，7頁，北京，中華書局，1996。以下《職方外紀校釋》均同此本。

此一方，胥天下而盡斥為蠻貊，得無紛井底蛙之誚乎」。

關於利瑪竇的新世界圖像的意義，已經不必多說了[46]，在他之後，傳教士始終在堅持傳播這種新世界圖像，如清初利類思、安文思、南懷仁的《西方要紀》、艾儒略的《職方外紀》等等，漸漸把這種知識推向更多的士大夫。因此，不僅是在接受西學的士大夫中，就是在官方與民間，傳統中國關於天下的圖像也開始瓦解和崩潰，人們逐漸接受了新的世界，因此，那些來自《山海經》《十洲記》之類關於異域的奇怪想像和傳聞，逐漸被西洋人傳來的真實知識所代替。前面我們以《三才圖會》為例說明利瑪竇來華之前中國的世界想像，而這裏可以提供的一個特別明顯的對照是，一百多年以後，當清代乾隆年間謝遂奉敕畫《職貢圖》的時候，那些來自《山海經》的國度和形象便消失了。在《職貢圖》裏，已經沒有那些奇肱、三首、一目、穿胸之類的國度，而那些想像出來的異域人物形象，也已經被逼真的寫生圖所取代。那些在《三才圖會》時代還只是想像中的籠統的「遠西之國」，被大西洋國、英吉利國、法蘭西國、瑞國所取代。過去只是照著中國面目和服飾來推想的西方人，這時被更細地區分為各國人，其面目與服飾就不再像過去想像的一樣了[47]。

在北京的故宮博物院中，至今收藏著幾幅佚名的《萬國來朝圖》。在這幾幅大體繪製於乾隆時代的圖畫中，荷蘭人、英吉利人、法蘭西人雖然仍被放在主動向天朝大國朝貢的位置上，但他們的面貌已經和謝遂《職貢圖》中的異族形象很接近，也就是說，他們已經不再是《山海經》一類傳說中的「非人」了。這說明對於異國和異族的想像已經讓位於真實的見聞。儘管乾隆在畫上的題詩「累洽重熙四海

---

46 參看葛兆光：《天下、中國與四夷——古代中國世界地圖中的思想史》，載《學術集林》，1998年第十六卷。

47 參看莊吉發：《謝遂〈職貢圖〉滿文圖說枝注》，臺北，故宮博物院，1989。

春，皇清職貢萬方均，書文車軌誰能外？方趾圓顱莫不親」，還有些妄自尊大，但畢竟承認了「萬國」的存在[48]。謝遂的這部《職貢圖》後來成為收錄在《四庫全書》中的《皇清職貢圖》的藍本，被收錄在這部官方修撰的大叢書中，說明這些關於「萬國」的認知已經擁有了合法性，可以成為一種官方認可的、民眾普遍認同的觀念和知識。

同時，特別值得提及的還有一個可以作為象徵性資料的東西，即乾隆年間奉敕修撰的《四庫全書總目》。這部權威的官方叢書目錄在對《山海經》《十洲記》和《神異經》究竟應當算地理還是小說的歸類上，表明了關於天下地理觀念的變化。《四庫全書總目》卷一四二中，對於《山海經》說，「書中序述山水，多參以神怪……道里山川，率難考據，案以耳目所及，百不一真，諸家並以為地理書之冠，亦為未允，核實定名，實則小說之最古者爾」。對於《神異經》則說「隋志列之史部地理類，唐志又列入子部神仙類，今核所言，多世外恍惚之事，既有異於圖譜，亦無關於修煉，其分隸均屬未安，今從《文獻通考》列小說類中，庶得其實」。對於《海內十洲記》則說「諸家著錄，或入地理，循名責實，未見其然，今與《山海經》同退置小說家焉」[49]。在目錄具有「辯章學術，考鏡源流」的功能的時代，這些關於異域的想像資源，在官方權威的目錄中從史部的地理類「退置（子部）小說家」，說明在觀念世界中，它也開始從「地理」變為「小說」，從想像中的「真實」變成「百不一真」「恍惚之事」。這時，人們開始接受「考索」「責實」的結果，也就是說，從利瑪竇時代到乾隆時代，經歷了一百多年的時間，古代中國對於異域（同樣也是對於自我）的知識，已經從「想像的天下」進入「實際的萬國」。

---

48 佚名：《萬國來朝圖》，載於聶崇正主編：《清代宮廷繪畫》（故宮博物院藏文物珍品全集），香港，商務印書館，1996。

49 見《四庫全書總目》，卷一四二，1206頁，北京，中華書局，1981。

嚴昏曉之節

——古代中國日夜秩序觀念的意味

幾十年以前，楊聯陞先生用英文寫了一篇 Schedules of work and rest in Imperial China，發表在 Studies in Chinese Institutional History 上，1982年由梁庚堯先生翻譯成中文，收在他的論集《國史探微》裏面，題為《帝制中國的作息時間表》[1]。在這篇論文裏面，他討論了一個過去歷史學者很少關心的事情，就是古代中國官員以及民眾的作息時間和假日制度。不過，在這篇不長的論文裏，他只是開了一個頭，關於時間分配的話題並沒有充分展開，資料也沒有來得及更廣泛地匯集，他也沒有更深入地討論這種時間分配觀念背後的思想史意味，只是給後人留下了一個可以繼續開拓的研究領域。但是，讓我感到很惋惜的是，後來似乎並沒有多少學者在這方面繼續楊聯陞先生的思路，去研究這個有意思的學術課題[2]。

時間分配，說到根本處是一個有關「秩序」的事情。在古代中國的一統社會裏面，時間分配是很重要的，無論民間和官方都一樣重視。民間關心它，自有民間的理由。如果四季十二月流轉不息是物理的節奏，那麼黑夜與白晝的交替則關乎生理的節奏。在沒有充足照明條件的時代，人們只能「日出而作，日入而息」，順應自然並不是為

---

1 楊聯陞：《帝制中國的作息時間表》，載《國史探微》，61-90頁，臺北，聯經出版事業公司，1991。

2 近來已有論文討論到這一問題，如丘仲麟：《點名與簽到：明代京官上班、公座文化的探索》，《新史學》，1998年9卷2期。

了表現「帝力於我何所有」的情懷。官方重視它，也自有官方的道理。因為對作息時間的管理，在某種意義上說，也是對社會秩序的管理，大家步伐一致，各地時間一致，才會覺得像一個「民族」，一個「國家」。

這種時間的安排和分配，包括了每一年裏的每季每月，這方面的文獻，可以看《禮記》《呂氏春秋》《淮南子》中的月令類。最近在敦煌懸泉置發現書寫在牆壁上、以皇太后名義發布的「月令詔條」，就是漢代朝廷給民眾提醒時間規定的。詔條前面小序就說，古來明智的帝王，「靡不躬天之曆數，信執其中，欽敬陰陽，敬授民時」[3]。同時，這種時間的安排和分配，也包括每月裏面的每一天，可參看現在考古發掘中屢屢發現的古代《日書》和後來發行極廣的皇曆通書。甚至還包括每一天早中晚，《國語・魯語下》裏引了敬姜的話說，天子、諸侯、卿大夫、士以及庶人以下，早上、中午、晚上各要做什麼事，在「昔聖王」的時代是有規定的，比如卿大夫要「朝考其職，晝講其庶政，夕序其業，夜庀其家事，而後即安」，士（就是讀書人）應當「朝受業，晝而講貫，夕而習復，夜而計過而無憾，而後即安」，而普通民眾（即庶人以下），只能「明而動、晦而休，無日以怠」[4]。據說，這些看法很受孔子的稱讚和肯定，所以，他的弟子宰予白天仍在睡覺，就被孔子批評是「朽木不可雕也，糞土之牆不可圬也」，因為白天是「動」而不是「休」的時候[5]。

那麼，這種曾經被儒家認同，並且被普遍視為天經地義的時間安排背後，究竟有什麼思想史意味呢？下面是一個嘗試性的分析。

3　見中國文物研究所、甘肅文物考古研究所編：《敦煌懸泉月令詔條》，4頁，北京，中華書局，2001。

4　《國語・魯語下第五》，載《國語集解》，196頁，北京，中華書局，2002。

5　《論語・公冶長》，《十三經注疏》，2474頁。關於「晝寢」有很多種解籍，但皇侃和邢昺都認為是宰予白天睡覺。

一　日出而作，日落而息：傳統的日常生活秩序

崑曲《十五貫》第十六出「乞命」中，淨付扮更夫唱道：

> 星斗無光月弗明，衣寒似水欲成冰，人人盡說困便困個冬至
> 夜，偏是我手不停敲到五更。[6]

這裏的「手不停敲」，說的是古代更夫寒冬值夜敲柝的事。這並不是戲曲家的憑空杜撰，中國自古代到近代，兩千年來一直有「巡夜」的制度。據歷史學者的研究，為防止盜賊，在很早的時代就有「夜禁」。《周禮》的編纂者就想像，古代有「司寤氏」這個職官，而司寤氏的職責之一就是根據星辰判斷日夜時間，「禁宵行者、夜遊者」[7]。

前面我們提到《國語・魯語》中敬姜的話，古代中國官方曾經期望民眾日常生活總是「明而動、晦而休」，因為這是以自然的晝夜交替為基礎，給民眾生活安排的一個基本秩序。就是說，白天是勞動、交誼、買賣活動的時間，而夜晚是安居、休息的時間。毫無疑問，在燈火相對困難、需要憑藉日光的傳統社會，本來這就是很自然的，因而是「天之經，地之義」，違背大家習慣的日夜秩序而「晝伏夜出」，常常需要有非常特別的理由來解釋。而在一切由官方控制的傳統社會中，日夜的生活秩序不僅僅是一種習慣，它又與政治上的合法與非法、生活上的正常與非常聯繫起來，歷代的關於法律的規定，劃出了生活秩序的合法與非法、正常與非常的界線。

這種生活秩序的法律規定當然來源很早，到了唐宋時代，它已經

6　《十五貫》，張燕瑾、彌松頤校注本，上海，上海古籍出版社，1983。此處轉引自
　　王起等編：《中國戲曲選》，下冊，905頁，北京，人民文學出版社，1998。

7　《周禮・秋官司寇・司寤氏》，《十三經注疏》，卷三十六，885頁。

被寫入律文。按照《唐律疏議》和《宋刑統》的規定，畫漏盡為夜，夜漏盡為晝，一天被分為白天與黑夜兩半；到了夜裏，不可在城內隨意行走，在閉門鼓後，除了「公事急速及吉凶疾病之類」，凡是夜行者都算是犯夜，「諸犯夜者，笞二十」。這裏有不少例子。比如中唐元和時代，一個內廷中使郭里旻僅僅是因為「酒醉犯夜」，就被「杖殺」，而負責夜禁而失職的金吾和巡使，也都被連累「貶逐」。中晚唐詩人溫庭筠也曾經因為醉酒犯夜，幾乎被處罰[8]。在宋代，這些值班守夜的官吏，如果有失職，還要被「笞三十」，至於真的發生了盜案而不察覺，那更要被「笞五十」。至於私人家宅，「諸夜無故入人家者，笞四十，主人登時殺者勿論」，因為來者可能是盜賊。就算主人心裏明白來者並不是有意侵犯，而有意地殺傷了來者，在法律上也要「減鬥殺傷二等」[9]。當時曾經有人提出質疑，說既然主人事先知道外來人有圖謀，反而故意等候他來而殺了他，是否也應當算是殺人有罪呢？據竇儀《宋刑統》的疏義解釋說，這不能等同殺人罪，因為「夜入人家，理或難辯，縱令故犯，亦為罪人[10]。同樣，在元代雖然統治者換了民族，但規定卻依然如故，《大元聖政國朝典章》卷五十一《諸盜》中規定：

> 其夜禁之法，一更三點鐘聲絕，禁人行，五更三點鐘聲動，聽人行者（下注：有公事急速喪病不在此限），違者笞二十七

8　劉昫等：《舊唐書》，卷十四《憲宗紀》記元和三年事，425頁；又卷一九○《文苑・溫庭筠傳》，5078頁。

9　《唐律疏議〉，卷十八，346頁；卷二十六，489-490頁，北京，中華書局，1983,1993。竇儀編：《宋刑統》，卷二十六，418頁，卷十八，290-291頁，北京，中華書局，1984。

10　竇儀編：《宋刑統》，卷十八，290-291頁。同上書。

下，有官者笞一下，準贖元寶鈔一貫[11]。

在另一處更直接頒下聖旨，禁止那些「夜間聚首眾人唱詞的、祈神賽社的、立集場的」，目為「似這般聚眾者，妄說大言語，做勾當的有啊」，所以嚴令「將為頭的重要罪過也者、其餘唱詞賽社立集場的每」，要「比常例加等」地進行處罰[12]。

也許，這是針對城市生活秩序漸漸顛倒混亂的無奈之舉，此後的明代對於日常生活秩序的控制就相當嚴厲。史料記載，明代與元代一樣，城鎮同樣「以一更三點禁人行，五更三點放人行」「除公務急速疾病生產死葬執有燈亮者不禁外」，無論何人均要拘留送問，但已不像元代那樣，能以寶鈔贖買，而夜行之禁更細，以「門前可緩，宅後為急」。集鎮鄉村則需有人值夜，每晚甲長關鎖寨門，「即查本甲十家之內，今夜何人外出，有無容留面生之人」。據說，天啟年間順德府還規定每夜設保夫十人，「更班鳴鑼，繞村巡邏」[13]。依照唐宋的傳統，《大明律》卷十八《夜無故入人家》也規定，夜間隨意活動算犯罪，如果無故進入人家，更要受很重的笞刑[14]。

11　《大元聖政國朝典章》，上海古籍出版社《續修四庫全書》影印本，第787冊，卷五十七，《刑部》，卷十三，493頁。以下引《大元聖政國朝典章》均同此本。《通制條格》卷二十七《雜令》記載至元七年太原路禁止嫁女娶妻時夜晚宴飲，「今後會親，止許白日至禁鐘」，原因是「其中引惹門訟，不惟耗費」，見方齡貴：《通制條格校注》，634頁，北京，中華書局，2001。以下引《通制條格校注》均同此本。

12　《大元聖政國朝典章》，第787冊，卷五十七，《刑部》，卷十九，554頁。

13　見徐棟：《保甲書輯要》，卷二附《明呂司寇弭盜條約十二條》；呂坤：《條陳利弊狀》；鄭涵：《呂坤年譜》，萬曆三十五年條；《古今圖書集成·方輿彙編·職方典》，卷117《順德府》。均參看陳寶良：《明代的保甲與火災》，載《明史研究》第三輯，合肥，黃山書社，1993。

14　《大明律》，懷效鋒點校本，145頁，瀋陽，遼瀋書社，1990。以下引《大明律》均同此本。

　　通過這種嚴厲的「夜禁」，官方試圖恢復傳統「日入而息」的生活秩序。不過到了明代中葉以後，隨著商業的發達，這種傳統的生活秩序在城市生活新方式的影響下漸漸瓦解，因此，仍然堅持鄉村生活傳統的地方官員，懷著恢復古代生活的理想，常常要為保持這種時間秩序制定種種措施。清代的于成龍曾經提到，除了要在鄉間建立保甲制度外，還要「立禁止夜行木牌，時刻叮嚀各處甲長，大家堤防，看明這一村的出路去路。於要津路口埋伏鄉夫，如遇此村人黑夜行走，即行綁鎖，次日稟官嚴審。如無謀劫實跡，治以夜行之罪。如此防閑日久，彼不得動手，或稍斂盜心亦未可定。此『蓬生麻中，不扶自直』，之謂也」[15]。似乎每一個官員都要懂得如何規範地方民眾的這種日常生活秩序。教給官員基本知識的《學仕錄》卷七，就引用了田文鏡《弭盜要法》，對監獄倉庫、大街小巷的夜間安全相當警惕，「於夜長寒冷之時，多置草薦，捐給油燈，令其徹夜防護」「夜則撥夫五名，擊梆看守，以司啟閉，特別規定官方的安全官員「印捕汛官」要懂得夜巡之法，「勿庸虛應故事，自三更至五更，此其時矣」，特別是「月暗天昏，風寒雨雪之夜，更為緊要[16]。

　　對於人們生活秩序的嚴厲規定，在宋元明清一千多年的法律上一直存在，顯示了傳統社會日常生活方式的漫長延續[17]，也顯示了傳統社會對鄉村生活秩序的頑強維護。其中特別是在明代前期，這種規定的執行和監督，到了極其嚴格的程度，也逐漸形成了一般人的常識[18]。

---

15 于成龍：《於清端政書》，卷五《續增條約》，又參看《弭盜條約》，《四庫全書》影印本，第1318冊，707-708頁。

16 戴肇辰：《學仕錄》，卷七引，《四庫未收書輯刊》，北京出版社影印本，第二輯第二十六冊，573-574頁，北京，北京出版社。

17 參看《大明律》，卷十八「夜元故入人家」，145頁。

18 清袁學瀾《巡夜吏》記載，「吳郡五方雜處，人煙稠密，嚴冬事集，草竊易生，官吏巡途，稽察尤嚴。每當漏滴三更，塵消萬戶，城門鑰上，巷析傳更，冰冷街衢，

人們普遍認同這樣的看法：白天活動而晚上休息是正常，「晝伏夜出」或「夜聚曉散」則都是非正常，地方官有責任維持這種生活秩序。因此在各個城鎮，都有巡夜的制度，而有的官員則以鼓樓來控制和指示夜晚的時辰和生活。明代人李賢《大同鼓樓記》曾經說到，譙樓之鼓的意義，不僅僅是「入夜之際，非更鼓以示之，則茫然無從而知」這種「代人之耳目者」的作用，而且，它也是秩序的象徵，所以是「有司為政之一端，而其所關則甚要」[19]。

二　月黑風高與殺人放火

　　針對夜晚的管理很嚴格，關於夜晚混亂的傳說也很多。由於這些傳說都發生在夜晚，又更加使人相信夜晚與罪惡的關聯。在古代口耳相傳的故事和文字傳播的傳說裏面，很多破壞秩序的事情，確實常常發生在黑夜。「月黑風高」，讓人聯想到的就是「殺人放火」。

　　這裏以明代為例。明代的這類故事很多很多，我們從小說與歷史中找一些可資對照的例子。《警世通言》第十一卷《蘇知縣羅衫再合》裏記載，永樂年間儀真縣專門在水路上半夜劫財的一夥強盜，以徐能為首，「合著一班水手，叫做趙三、翁鼻涕、楊辣嘴、范剝皮、沈鬍子，這一班都不是個良善之輩，又有一房家人，叫做姚大，時常攬了載，約摸有些油水看得入眼時，半夜三更，悄地將船移動到僻靜去處，把客人謀害，劫了財帛」，結果為劫財色，把乘船赴任的候補知縣蘇雲「棕纜捆作一團，如一隻餛飩相似，向水面撲通地竄（攛）

幾星炬火，賢老執掌，宵夢無溫。此亦見民社身膺職司禁暴，有不若編氓擁被徹夜安眠者矣」。見袁學瀾：《吳郡歲華紀麗》，卷十一，329頁，南京，江蘇古籍出版社，1990。

19　李賢：《古穰集》，〈四庫全書〉影印本，卷五《大同鼓樓記》，第1244冊，536頁。

將下去」，幾乎把一家人全害了，幸好其夫人逃生，最後到操江林御史那裏告了狀，報仇雪恨[20]。雖然這是小說，卻有真實的背景。明正德十四年（1519）唐龍《停差燒造太監疏》曾經提到：「今鄱陽湖賊船數百，往來劫殺。各府州縣，非告白晝殺人，則訴黑夜劫奪，盜賊無處無之。」[21]而嘉靖八年（1529）黃綰《弭江盜疏》裏也提到：長江上半段從九江到太平，下半段從鎮江到蘇松，這本是「東南襟喉之地，舟航往來之途」，但是卻常常不安全，「盜賊乘時出入，肆無忌憚，劫掠商賈，拒捕官軍，急則竄匿莫尋，緩則嘯聚如故」[22]，常常發生類似搶劫殺人如《蘇知縣羅衫再合》這樣的故事。如成化年間的陳煒在江西布政司任上就處理過一個案子：上杭富商林春遣其妾王氏回老家，「至番易（鄱陽）湖，同舟人夜投十餘人於水，而取其貨」，但是，被擲下水的王氏幸運地沒有沉溺，漂了三十里後得到援助，「出訴於公，乃戒邏吏物色之，至撫州掩捕焉，贓俱獲，盜無一人免者[23]」，真正上演了一出蘇知縣的故事。又如《隔簾花影》第二回《寡婦避兵拋棄城居投野處，惡奴欺主勾通外賊劫家財》中說，全福和李小溪專等三更時分去打劫，「來到劉家莊，先把場圍一垛杆草點起，

---

20 《警世通言》，卷十一，125頁，上海，上海古籍出版社，1997。以下引《警世通言》均同此本。

21 見《御選明臣奏議》，《四庫全書》影印本，卷十六，第445冊，257頁。

22 《皇明疏鈔》，上海古籍出版社《續修四庫全書》影印本，卷六十三，第464冊，679頁。

23 見彭韶：《彭惠安集》，《四庫全書》影印本，卷四《陳文耀方伯公墓誌銘》，第1247冊，67頁。按：陳煒字文耀，福州人，景泰五年（1454）進士，官至江西右布政司。看來，明代這種打劫乘客的事情很多，陸深《監察御史鄭公墓誌銘》中也記載鄭洛書處理過的一個案子：「有懷金渡海者，舟人沉之，其家不知也，旬日告發，（鄭洛書）乃盡呼舟人，其一已移之他渡，即令解其首帕，密示其妻問金，妻果以金至，因乃伏。」載《儼山集》，《四庫全書》影印本，卷七十四，第1268冊，4頁。

跳過牆去，燒起後面屋簷來」。這種半夜殺人放火的事情在明代也是
很常見的：正德三年（1508）三月在饒州餘干縣，夜裏有賊打劫富裕
的商人段氏，禍殃及正好住在段家的鄰居康萬欽的妻子彭氏，結果
彭氏為避免受辱，被「繫之行過祝家橋」時，投水自盡，三天以後丈
夫尋找到妻子的屍體，據說「其面如生」，於是官方宣布表彰她的節
烈[24]。再舉一個例子，在《水滸》第三十八回《潯陽樓宋江吟反詩，梁
山泊戴宗傳假信》中，被打入死牢的宋江和押牢節級戴宗商量好，
「披散頭髮，倒在尿屎坑裏滾」，裝作失心瘋的樣子，要逃出牢籠，
但是卻沒有瞞過黃文炳的眼睛。而萬曆三十四年（1606）的一椿越獄
案卻是成功的：正月初一的夜裏，安徽寧國府犯人胡以華得到外應，
偷偷地得到鐵鑿，「假裝肚疼，哭告陳六（禁卒），求放鈕鐐，以便撒
糞」，因為陳六已經喝醉，而民壯方順等巡夜人也喝多了酒，刑房吏
石元嘉「不行上宿」，負責的全介也「不行躬親點視」，結果鑿開了牆
壁的犯人全部逃走，而陳六在酒醒以後，也嚇得自殺身亡[25]。

聚眾賭博，人室偷盜，越軌淫亂，越獄逃逸，這些並非光天化日
之下良民可以公開從事的活動，當然都是在黑夜中壞人做的勾當。明
代的張寧在管理汀州府的時候，曾經發布榜文，週知鄉里，其中就痛
斥當地所謂的「十兄弟」，說這些「遊手好閒，不務生業，專一結交
無賴之徒」「日逐輪辦飲食，在於街坊，恣肆沉酣」，特別是到了夜
裏，仍然不散，「因為姦淫、賭博，哄騙錢財，衷惡懷奸，不可勝

---

24 李夢陽：《空同集》，《四庫全書》影印本，卷四十《請表節義本》，第1262冊。

25 周孔教：《周中丞疏稿・江南疏稿》，《四庫存目叢書》影印本，卷五《盜犯越獄查
參疏虞有司疏》，史部第64冊，289頁，臺北，莊嚴文化事業公司，1996。明代可能
常常發生這樣的事情，嘉靖二年（1523）十月癸丑浙江道監察御史陳逅上書中說，
「比及行刑，多在深夜，萬一奸黨乘藉昏黑，意外求生，雖罪坐臨監，亦重損國威
矣」，經他建議，行刑改在未刻前行事。見《明世宗實錄》，臺北中研院史語所縮印
本，卷二二，載《明實錄》，第八冊，840頁。

道」[26]。同時對於夜裏鄉里人士群聚,更是需要嚴加管理。萬曆年間,一個叫張維樞的地方官看到一些惡少凶徒,「呼朋引類,暮夜群聚,或稱便作盜,搶奪衣物,或潛伏賭博,肆橫為非」,就頒佈示令,「以一鼓三點為期,不許擅自行走」;特別是民間婚喪嫁娶的宴會,更不許婦女夜半宴飲不歸,因為他覺得夜裏容易使盜賊生心,也容易導致男女混雜,所謂「酒席夜酣,豈止絕纓之戲,履舄交錯,寧無桑濮之聲」[27]。到了明末,著名的學者劉宗周更是向地方官建議,連那些唱戲的梨園也關閉起來,因為「斗大一城,屯擁數千人,夜聚曉散,日耗千金」,更麻煩的不僅僅是他們破壞了平靜而有規律的日夜作息,而且還「養奸誨盜,甚至挾宦家之勢,以陵齊民」[28]。

　　不過,夜間聚眾當然不是在明代才特有的事情。以賭博為例,明代之前的宋代,像《名公書判清明集》卷十四「懲誡門」中,有潘司理擬《因賭博自縊》中說,支乙和他的妻子阿王,在衢州南市開茶肆,「以妻為餌」,並且開了賭局,「皆與逾濫,與以錢物,群聚賭博,實為欺騙淵藪,水寒冰生,醯酸蚋聚」,在閏月十六日晚,設了騙局,把陸震龍騙來賭錢,使其最後因為還不出錢而自殺[29]。明代之後的清代,也同樣有,清乾隆年間錢肇然《續外岡志》就記載,自明末的崇禎以來到清代中期的乾隆年間,都盛行賭博之風,而且大抵是在夜晚,避開官府的管控,「近有無賴,率尚賭博,始猶宵聚曉散,

26 張寧:《汀州府行六縣榜》,載其《方洲集》,《四庫全書》影印本,卷二,第1247冊,208頁。

27 張維樞:《澹然齋小草》,卷六《嚴禁棍徒夜遊示》,載《故宮珍本叢刊》,第541冊,398-399頁,海口,海南出版社,2001。以下引《故宮珍本叢刊》均同此本。

28 劉宗周:《劉蕺山集》,《四庫全書》影印本,卷六《與張太符太守》,第1294冊,403頁。

29 《名公書判清明集》,卷十四,531頁,北京,中華書局,1987,2002。以下引《名公書判清明集》均同此本。

今則沿街設局，名曰寶場」[30]。據乾隆十一年三月浙江巡撫常安的題報，紹興府山陰縣，就有同樣因為賭博導致的人命案：當地人沈阿信與沈阿四等，以竹牌賭東道，「賣夜聚賭釀成人命」，沈阿信等將無力還錢的沈阿四毆打致死[31]。

順便在這裏再提一點，在古代中國人的觀念中，夜裏不僅是惡人犯案的時間，是傷風敗俗的機會，也是狐鬼惑人的時候，而且還變怪百出，讓人畏懼。因為人鬼殊途，陰陽懸隔，所以人們在白天活動，而鬼怪在夜間出沒。這種對黑夜的恐懼觀念來歷悠久，自古就有種種傳說。不必遠溯漢魏隋唐，即以宋代為例，《夷堅志》甲志卷二《張夫人》中記載鄭氏死後，「至夜半，屍忽長歎，自揭面帛，蹶然而坐」，實在是很恐怖；卷三《段宰妾》中說到段宰的小妾鶯鶯之亡夫，一個死鬼來尋妻，段宰「疑其竊，自篝火追至廳廂，但聞有聲極響，燈即滅，妾遣婢出視，七竅皆流血，外戶鎖鑰如故，竟不知何怪」。這種上自士大夫下到民間都流傳的故事，如果主角是狐仙物怪、亡魂陰鬼，那麼舞臺往往在荒郊墳塋，而時間則一定是在半夜三更。「月色已滿窗矣，移時，萬籟俱寂，忽聞風聲隆隆，山門豁然作響」，看到這裏人們一定會預期到下面的陰森森的故事；而「夜色迷悶，誤入澗谷，狼奔鴟叫，豎毛寒心，踟躕四顧，並不知其何所，遙望蒼林中，燈火明滅」，這個時候，人哪裏還能有安全感和輕鬆感？

所以，傳統社會中的人普遍相信，正確的生活秩序是「明而動、晦而休」或者「日出而作，日入而息」，可是，在古代偏偏有人還是要「晝伏夜出」甚至「夜聚曉散」。

---

30 錢肇然：《續外岡志》，卷二《俗蠹》條，轉引自〔日〕川守勝：《明清江南市針社會史研究──空間と社會形成の歷史學》，第六章《江南市鎮の生產、流通、消費の歷史的位置》，385頁，東京，汲古書院，1999。

31 臺北藏《明清檔案》，A141-040，檔案登錄號：048122。

三 夜聚曉散與圖謀不軌

應該說，個別民眾違反規定的時間分配和生活異常，還不算是官方的肘腋之患，最多它只是違背了儒學或理學家想像中的理想秩序，使得社會總存在一些不安定的因素。在這一點上，人們相信，在外在方面，以傳統的禮法，包括官方的律令制度，以及地方官員的懲戒和勸諭，加上鄉約族規的約束，大概可以鉗制這種反常的行為；而在內心方面，傳統觀念上對正常時間分配的認同，以及對日常生活倫理的自覺，也足以使這種異常生活方式受到譴責和鄙夷。

但是，對於並非個別而是集體的違反時間分配行為，古代中國的官方和民間卻相當緊張和警惕。因為這並不是外在制度和內在自覺可以約束的，一些被迫私密化、邊緣化的集體行為，本來就是被長期的正統權力驅趕到黑夜進行的。而這些在黑夜還有那麼多人熱情從事的行為，一定源於熱烈的信仰，而一旦它是一種秘密而熱烈的信仰，其誘惑力和煽動力就非同小可。民間社會也好，官方政權也好，都相當害怕這種不在視線範圍內的集體私密行為。儘管他們擔心的出發點不同，但是都來源於關於正常生活秩序的傳統認同。太長久的傳統會養成習慣，而太長久的習慣也會形成一種相當頑固的觀念。在古代人的想像世界中，在風高月黑之際出來的，非搶即盜，非嫖即娼，更不消說好多人聚在一處。夜幕下不僅是黑暗，而且是陰謀、混亂、骯髒和反叛。這一連串的聯想是傳統生活習慣的產物，也是傳統秩序中建構的觀念。古代人沒有想到現代都市的夜以繼日，也沒有想到現代社會的「晝伏夜出」，當時人對於夜間行為，似乎都有一種想像，就是凡在夜間所為的，都是雞鳴狗盜、姦淫邪妄之事。因為在傳統社會中，生活時間的反常，就是倫理秩序的顛倒。所以，《警世通言》卷十二《范秋兒雙鏡重圓》說到群盜，就用了兩句「風高放火，月黑殺人」

來形容[32]。

在所有晝夜顛倒的生活現象中，從過去的法律文書、歷史記載、戲曲小說中看來，令官方最緊張的也是最不能容忍的，是帶有宗教信仰的人在夜間的聚會。後唐天成二年（927）六月七日敕令說，這種聚會常常是——

> 或僧俗不辨，或男女混居，合黨連群，夜聚明散，托宣傳於法會，潛恣縱於淫風，若不去除，實為弊惡，此後委所在州縣鎮及地界所由巡司節級，嚴加壁刺，有此色之人，便仰收捉勘尋據關連徒黨，並決重杖處死[33]。

這裏的「夜聚明散」就是一種反常與非法的行為，而從宋代的文獻來看，這一類規定在宋代以後越來越多，並正式著為律文。《宋史》卷一九九《刑法一》中說：「左道亂法，妖言惑眾，先王之所不赦，至宋尤重其禁，凡傳習妖教，夜聚曉散，與夫殺人祭祀之類，皆著於法，課察甚嚴，故姦軌不逞之民，無以動搖愚俗。」[34]在北宋的天聖五年（1027），右司諫劉隨就給宋仁宗上疏，建議禁止「夜聚曉散」和「造儀仗事神」，因為他自己在地方上任職，深知「閭閻之中似此多矣，不食葷血，迷謬相傳，誘之以天堂，怖之以地獄」，而且「夜聚曉散，謂之修善」，這種聚眾的結果，就是可能動亂鬧事，何況又有作為儀仗的兵器在手。他建議要在「鄉村要路，粉壁書寫，重新曉諭，使民知禁，不陷刑章」[35]。他特別提到，這種妖術惑眾的危

32　《警世通言》，卷十二，149頁。

33　竇儀等編：《宋刑統》，卷十八引，289-290頁。

34　脫脫等：《宋史》，卷一九九，4974頁、4981頁。

35　劉隨：《上仁宗乞禁夜聚曉散及造儀仗祀神》《上仁宗乞逐去妖人張志真》，載趙汝愚編：《宋朝諸臣奏議》，卷九十八，1057-1058頁，上海，上海古籍出版社，1999。

害極大，很容易擾亂秩序，像天禧年間「西京河陽妖怪大起，不經旬日，已到京師。或云變化多般，或云形狀怪異，遞相驚恐，街坊不寧」，幸好官方及時出了榜文，「捉到夜聚曉散人張子元數百人」，由呂夷簡執法，數月後才得到安定。他認為現在妄稱自己有幾百歲的張惠真，就是當年那種「夜聚曉散妖妄之人」，他夜聚民眾一定會引起社會秩序的動盪不安。至和元年（1054），殿中侍御史趙抃又上書仁宗，激烈批評道士傳授符籙惑眾，說信州龍虎山道士王守和，在開封壽星觀內糾集京師官員百姓婦女等一二百人，「以授符籙神兵為名，夜聚曉散」，而且要在十五日夜間，「登壇聚眾做法，希求金帛，惑亂風俗」，他對此深表警惕[36]，建議由開封府「捉搦勘斷，押回本鄉，免致動民生事」。

從此，「夜聚曉散」成了一種妖淫謀逆的代名詞。《名公書判清明集》卷十四「懲誡門」中，吳雨岩的《痛治傳習事魔等人》就說，「饒信之同，小民無知，為一等妖人所惑，往往傳習事魔，男女混雜，夜聚曉散」[37]，這種「傳習妖教，夜聚曉散」成了從北宋到南宋的官員向朝廷報告中最常見的社會問題之一[38]。對於政府來說，這確實是最感焦慮和緊張的一件事，因為這不僅僅是擾亂社會生活秩序，而且要威脅到政權的存在，甚至可以說影響到主流文化的指導權力，

---

36 參見趙抃：《乞勘斷道士王守和授籙惑眾》，載《清獻集》，《四庫全書》影印本，第1049冊，830頁；又，同書841頁《奏狀乞禁斷李清等經社》，其中說到「臣竊聞近日京城中，有遊惰不逞之輩，百姓李清等私自結集，至二三百人。夜聚曉散，以誦佛為名，民間號曰經社。此風既盛，則惑眾生事」。

37 《名公書判清明集》，卷十四，537頁。

38 例如景祐二年（1035）對益、梓、利、夔「夜聚曉散，傳習妖法」的禁令；元祐七年（（1092）刑部請禁止「夜聚曉散，傳習妖法」；大觀二年（1108）信陽軍上奏請禁「夜聚曉散，傳習妖法及集社香會」；淳熙八年（1181）大臣上疏建議禁止「吃菜事魔，夜聚曉散」。參見《宋會要輯稿》，中華書局影印本，165-166冊，《刑法二》，6506頁、6514頁、6519頁、6555頁。以下引《宋會要輯稿》均同此本。

所以，無論是中央還是地方官員，都要嚴肅地面對這一事情。《續資治通鑑長編》卷一一七記載，朝廷曾經下令，「禁益梓利夔路民，夜聚曉散，傳習妖教，徒中能自糾摘及他人告者，皆賞錢三萬」[39]。而地方官有時還要臨時頒佈地方性的嚴厲規定，如宋張守《措置魔賊札子》就向朝廷報告，「近年鄉村有昏夜聚首素食，名曰夜齋。契勘僧俗齋飯，當在晨朝，今以夜半，則與夜聚曉散不甚相遠。臣已散榜行下本路州縣鄉村，禁止外更，乞朝廷即下諸路施行」[40]。而《名公書判清明集》卷十四「懲誡門」蔡久軒《蓮堂傳習妖教》中就更規定，「諸夜聚曉散，以誦經行道為名，男女雜處者，徒三年」[41]。入元以後仍然如此，在《大元聖政國朝典章》卷五十七中專門有一節是《禁聚眾》，其中引到至元十一年（1274）五月十六日的中書兵刑部禁令：

> 大都街上多有潑皮撕打底，跳神師婆並夜聚曉散底，仰本部行文字禁斷如是，依前違紀，除將跳神師人並夜聚曉散人等治罪外，潑皮廝打的，發付著役……[42]

---

39 又，請參看《續資治通鑑長編》卷四七七，《建炎以來紀年要錄》卷九十一等各種記載。

40 張守：《毗陵集》，《四庫全書》影印本，卷七《措置魔賊札子》，第1127冊，473頁。不過，這種過分嚴厲的措施有時也破壞了生活秩序，而那些害怕連累自己的官員的刻意求索，也使得人人自危，所以，有人也建議，「必夜聚曉散十人以上逾旬不罷者」才算犯罪，才使得民眾稍稍安定，見李之儀：《姑溪居士後集》，《四庫全書》影印本，卷十九《故朝請郎直秘閣淮南江浙荊湖制直發運副使贈徽猷閣待制胡公行狀》。

41 《名公書判清明集》，卷十四，535頁。

42 《大元聖政國朝典章》，第787冊，卷五十七，《刑部》，卷十九，553頁。《通制條格》卷二十八《雜令》記載，至元十六年中書省、御史臺對於漢族地區「祈仙、禱聖、賽神、賽社」活動，要一概禁止，原因是容易造成混亂，尤其是這些活動置「神案、旗牌、鑼鼓、傘蓋、交椅、儀從等物，若不拘收，且恐因而別生事端」，見方齡貴：《通制條格校注》，674頁。

延佑四年（1317）五月，又下令重申禁止「祈賽神社，扶鸞禱聖，夜聚明散」，因為這種煽動性很強的宗教信仰，是很有可能引起大規模騷亂的，而夜間帶有犯禁的聚會，其冒險意味更是容易刺激人們的越軌之心，宋代的食菜事魔就是一例，白蓮社、白雲宗也是這樣。元成宗大德七年（1303）鄭介夫奏疏中提到，「有白雲宗一派，尤為妖妄。其初未嘗有法門，止是在家念佛，不茹葷、不飲酒、不廢耕桑、不缺賦稅。前宋時謂其『夜聚曉散』，恐生不虞，猶加禁絕，然亦不過數家而已。今皆不守戒律，狼藉葷酒，但假名以規避差役，動至萬計，均為誦經禮拜也，既自別於俗人，又自異於僧道」[43]，因此，明代《大明律》便規定，「凡師巫假降邪神，書符咒水，扶鸞禱聖，自號端公、太保、師婆，及妄稱彌勒佛、白蓮社、明尊教白雲宗等，一應左道亂政之術，或隱藏圖像，燒香集眾，夜聚曉散，佯修善事，扇惑人民，為首者絞，為從者各杖一百，流三千里。若軍民裝扮神像，鳴鑼擊鼓，迎神賽社者，杖一百。罪坐為首之人，里長知而不首者，各笞四十」，只有「民間春秋義社不在禁限」[44]。之所以要如此禁止夜聚，古代人自有他們的想法，《明會典》卷十中特意說到：

> 民有常產則有常心，士農工商各居一業，則自不為非。

這樣有常產有常心的人，很容易認同現實的政治，遵循傳統的秩序，但是，那些遊手好閒、不務生理，邪術左道、扶鸞禱聖，燒香結社、

---

43 楊士奇編：《歷代名臣奏議》，《四庫全書》影印本，卷六十七，第434冊，802頁。以下引《歷代名臣奏議》均同此本。

44 徐溥編：《禁止師巫邪術》，載《明會典》，《四庫全書》影印本，第618冊，309頁；又參看倪嶽：《奏議・祀典三》，載《青溪漫稿》，《四庫全書》影印本，第1251冊，119頁。

好飲賭博的人，則因為行為受到制度的壓迫，不得不「夜聚曉散」，所以他說，官方應當「采訪姓名，注於簿籍，以示懲戒。其人畏懼更改則止，若仍前不悛則治之以法，毋得縱令吏典人等指此為名，徧行取勘，以致擾民」[45]。為什麼措施如此嚴厲？因為這種帶有宗教色彩、而且人數眾多的夜間集會，確實是一種對「秩序」的逃逸，是一種對「控制」的反叛，它激起長期單調生活中的人對於越軌行為的好奇。法國學者貝爾賽（Yves-Marie Berce）在討論宗教集會時說，「祭祀典禮與叛亂騷動的相伴相生，在歷史上是常見的事情，……衝動與歡樂互相置換的事件屢見不鮮，這是民俗、社會與歷史學家們應當研究的事情。持續的平凡生活，產生了欲求難以滿足與精神壓抑的傾向，於是就有人說，典禮和叛亂的結合是尋求宣洩，在這種場合，這兩者的結合是由於偶然的契機；也有人說，這是瞬間的本能性的歡悅中產生的『再生行為』。總之在這一瞬間，社會處於它的休息狀態，度著它的假期」[46]。

這種叛亂或者騷亂在歷史上屢見不鮮，所以，從宋到清，一千多年來對於宗教性的夜間聚會有相當嚴厲的管制。明代中期的魏校在嘉靖初年任廣東提學副使的時候曾發布《諭民文》，其中嚴厲批評「今有等愚民，自稱師長、火居道士及師公師婆聖子之類，大開壇場，假畫地獄，私造科書，偽傳佛曲，搖惑四民，交通婦女」[47]。而後來的士人面對各種民間宗教和外來宗教時，只要想把他們一言定罪，就總是說他們「祖宗神主不祀，男女混雜無分……呼群引類，夜聚曉散，覬覦非分之福，懶惰生業之營，卒至妄萌鼓亂，名陷逆黨，身棄

---

45 徐溥編：《明會典》，《四庫全書》影印本，卷十，第617冊，96頁。
46 〔法〕貝爾賽：《祭祀與叛亂》，原文為法文，此據〔日〕井上幸治監：《祭りと叛亂——16-18世紀の民眾意識》，序文第13-14頁，東京，新評論株式會社，1980。
47 魏校：《諭民文》，載《莊渠遺書》，《四庫全書》影印本，第1267冊，858頁。

法場[48]。就連對付外來宗教也是一樣,《明史》卷三二六就記載,禮部
郎中徐如珂極為討厭天主教,在萬曆四十四年(1616)與幾個大臣聯
名上書,指責天主教「煽惑群眾,不下萬人,朔望朝拜,動以千
計」,他們能夠想像天主教徒的罪名,就是「公然夜聚曉散一如白蓮
無為諸教」[49]。因此對於異端宗教,官方和士人歷數它的罪名,常常
就是「夜聚曉散」[50]。

四 文武之道,一張一弛:元夜觀燈的意義

不過,前面我們說到,夜間的聚會「是一種對『秩序』的逃逸,
是一種對『控制』的反叛,它激起長期單調生活中的人對於越軌行為
的好奇」。如果生活確實始終是那麼平凡而且刻板,甚至到只有一種
節奏而沒有變化,人們會覺得需要調劑,而古代中國法律規定的幾天
節令不宵禁,就是對這種刻板生活的一種補充。

《水滸》第五十一回《插翅虎枷打白秀英,美髯公誤失小衙內》
裏說到,七月十五「盂蘭盆大齋之日,年例各處點放河燈,修設好
事」,當晚戴罪的朱仝就攜帶小衙內四處遊覽,在初更時分,「繞(地

---

48 徐昌治編:《明朝破邪集》,日本安政乙卯翻刻本,卷一《南宮署牘・再參遠夷
   疏》,12頁A;卷二《提刑按察司告示》,39頁B;卷二張廷玉等:《邪毒實據》,33
   頁B-34頁A。

49 《明史》,卷三二六《外國傳七》,8460頁。

50 黃育楩《破邪詳辯》卷首引律例「禁止師巫邪術」條,即引《禮律・祭祀》稱左道
   異端之術,「隱藏圖像,燒香集眾,夜聚曉散,佯修善事,煽惑人民,為首者絞,
   為從者各杖一百,流三千里」。又,引嘉慶六年修並道光元年修改之律文,「各處官
   吏、軍民、僧道人等,妄稱諳曉扶鸞禱聖,書符咒水,或燒香集徒,夜聚曉散,並
   捏造經咒邪術,傳徒斂錢,一切左道異端。煽惑人民,為從者,改發回城,給大小
   伯克及力能管束之回子為奴」。見黃育楩:《破邪詳辯》,澤田瑞穗校注本,東京,
   道教刊行會,1972。

藏）寺看了一遭，卻來水陸堂放生池看放河燈」[51]。這裏需要注意「年例」二字，說明盂蘭盆節是官方的規定假日，可以解除犯夜之禁，任從人們夜裏往來遊玩。但是最有名的不眠夜，卻是上元，在第六十六回《時遷火燒翠雲樓，吳用智取大名府》中又說到大名府的上元之夜：

> 未到黃昏，一輪明月卻湧上來，照得六市三街，熔作金銀一片，士女亞肩疊背，煙火花炮比前越添得盛了。

這一風俗來源很早，據陳熙遠《中國不眠夜──明清時代的元宵、夜禁與狂歡》的研究[52]，最晚到隋文帝時代，京城與各州已普遍有於正月望日「燎炬照地」的做法，並在夜裏進行各種慶祝活動。

這種節日的意義，從大的方面說，是給一年辛苦的人一些放鬆的時間，使日常生活變換節奏；從小的方面說，是給日夜周期作息的人一些變化的感覺，把黑夜變成白晝。陳熙遠的研究指出，隋文帝時代的御史柳彧，在開皇十七年（597）上奏指出，古代「明王訓民治國，率履法度，動由禮典，非法不服，非道不行」，並且指斥當時民間慶祝元夕時種種逾越法律秩序與禮教規範的活動，違背了「非法不服，非道不行，道路不同，男女有別」的傳統：

> 竊見京邑，爰及外州，每以正月望夜，充街塞陌，聚戲朋遊，鳴鼓聒天，燎炬照地，人戴獸面，男為女服，倡優雜技，詭狀異形，以穢嫚為歡娛，用鄙褻為笑樂。內外共觀，曾不相避。

---

51 施耐庵：《水滸》，四十六回，663頁，北京，人民文學出版社，1982。

52 陳熙遠：《中國夜未眠──一明清時代的元宵、夜禁與狂歡》，載《中研院歷史語言研究所集於11》，第七十五本第二分本，臺北，2004。

高棚跨路，廣幕陵雲，袨服靚妝，車馬填噎，肴醑肆陳，絲竹
繁會。竭貲破產，竟此一時，盡室並孥。無問貴賤，男女混
雜，緇素不分。[53]

但是，這種造成「無問貴賤，男女混雜，緇素不分」，甚至「穢行因
此而生，盜賊由斯而起」的節日之夜，儘管在當時「詔可其奏」，好
像得到了皇帝的認可，但是實際上仍然被官方允許和寬容。到唐代，
上元觀燈，已經有三日之規。據陳熙遠的研究，唐玄宗時燈節乃從十
四日起至十六日，連續三天。宋太祖時追加十七、十八兩日，成「五
夜燈」。不過，很多地方或許仍執行舊規矩。南宋陸游《老學庵筆
記》有一個有名的故事，記載某郡守田登「自諱其名」，屬下常常因
為言詞不慎冒犯，甚至遭到笞杖之刑。由於「燈」「登」兩字諧音，
只好指「燈」為「火」。在上元節，依例慶祝，准允百姓進入州治遊
觀，書寫的榜文竟然是「本州依例『放火』三日」[54]。這當然是趣
談，但可見當時上元節觀燈大概還是三天。在這三天裏面，人們可以
盡情玩耍，平時需要收斂的不需要收斂，平時需要掩飾的不需要掩
飾。據一些文獻記載，在這個不眠之夜裏，官府還會出錢犒勞助興舞
隊和商賈買賣，「妓女群坐喧嘩，勾引風流子弟買笑追歡」，而「公子
王孫，五陵年少，更以紗籠喝道，將帶佳人美女，遍地遊賞」[55]。當
然，這樣的不宵禁夜，除了上元還有中秋，「此夜天街買賣，直至五
鼓，玩月遊人，婆娑於市，至曉不絕。蓋金吾不禁故也」[56]。

這已經成為一種固定的習俗，但在元代前期，曾經因為新占領地

---

53 魏徵等：《隋書》，卷六十二《柳彧傳》，1483-1484頁。

54 陸游：《老學庵筆記》，卷五，61頁，北京，中華書局，1979，1997。

55 吳自牧：《夢粱錄》，卷一《元宵》，7頁；周密：《武林舊事》，均見《夢粱錄‧武林
　舊事》合刊本，濟南，山東友誼出版社，2001。以下引《夢粱錄》均同此本。

56 吳自牧：《夢粱錄》，卷四，44頁。

區的緣故，一度嚴厲禁止節日觀燈，特別是對於最後占領的江南，控制更嚴。但到了至元二十九年（1292）的閏六月，湖廣等處行中書省向禮部建議開放燈禁，報告中說，「江南初定之時，為恐人心未定，因此防禁（觀燈）」，但是最近因為「集耆老儒人等講究得，今江南歸附已後，一十八年，人心寧一」，所以「燈火之禁，似宜寬弛」[57]。到了明代初期，更曾經一度延長為前所未有的「十夜[58]」。永樂七年（1409），永樂皇帝便下令從正月十一日開始，賜百官元宵節假十天，並且諭令禮部「百官朝參不奏事，有急務具本封進處分，聽軍民張燈飲酒為樂，五城兵馬弛夜禁，著為令」[59]。

　　一向注重秩序而畏懼混亂的朝廷，一直嚴厲區分「貴賤」「男女」「緇素」的界限，格外擔心晝夜不分會引起淆亂，竟然要在這特別的時間裏允許混亂，這是為什麼呢？簡單地說，就是因為這一界限一直過於嚴厲和分明，白天和黑夜、上層和下層、男人和女人、世外和世內，常常是在一個單調刻板的節奏下重複，於是，不得不提供一個變化的機會，讓這種緊張生活鬆弛下來。這一點在孔子時代就已經有明確的知識，《禮記·雜記》裏，孔子便曾與弟子子貢討論如何面對國人年節蠟祭活動的態度：

　　　　子貢觀於蠟。孔子曰：「賜也，樂乎？」對曰：「一國之人皆若狂，賜未知其樂也。」子曰：「百日之臘，一日之澤，非爾所知也。張而不弛，文武弗能也；弛而不張，文武弗為也。一張一弛，文武之道也。」

57 《大元聖政國朝典章》，第787冊，卷五十七，《刑部》，卷十九，547頁。

58 參見劉侗、于奕正：《帝京景物略》，57-58頁，北京，北京古籍出版社，1983。

59 《明太宗實錄》，卷八十七，永樂七年（1409），見縮印本《明實錄》，第二冊，1153-1154頁，臺北，中研院歷史語言研究所，1966。

五 城市生活與鄉村秩序之間：傳統日夜秩序的瓦解

　　按照古代中國人的想法，日出而作，日入而息是天經地義的秩序。之所以說它天經地義，是因為它符合古代民眾自然勞作的實際需要，符合人的自然生理節奏，而且「夫人體天地之陰陽，晝明夜晦，理之常也」[60]，這種大道理也得到經典文本的支持。前面我們提到，在《周禮‧秋官司寇‧司寤氏》中，古代人曾經想像，周代即有司寤氏這樣的官員「掌夜時，以星分夜，以詔夜士夜禁，御晨行者、禁宵行者、夜遊者」[61]，並根據「日出而作，日入而息」這樣的傳統作息時間表安排生活秩序。他們解釋經典的話說，「日出而作，不得不勤，日入而息，不得不止，所以順天之道，養育大眾也，故以星見為夜時，星沒為曉時，而詔守夜之士行夜禁[62]。元代鄭介夫就說，對於普通百姓：

　　　上之人養之愛之，使之無失其時，自然各安生理，不廢農業。

這個「時」，包括四季十二月二十四節氣，也包括「日出而作，日入而息」。因為這既是來自經典的說法，也是被普遍認同的常識。反過來說，如果違背這一秩序，經典的權威和普遍的常識都會告訴人們，這是非法的行為，所以，官方應當對不按正常時間生活的人進行嚴厲管理，因為這可能會導致混亂。宋代的易祓在《周官總義》卷第二十

60　王肯堂：《證治準繩》，《四庫全書》影印本，卷十六，第767冊，469頁。

61　《周禮‧秋官司寇‧司寤氏》，《十三經注疏》，885頁。

62　宋代的朱熹也說，按照正常的秩序，「饑而食，渴而飲，日出而作，日入而息，其所以飲食作息者，皆道之所在也」，見《朱子語類》，卷六十二，1496-1497頁，北京，中華書局，1992。以下引《朱子語類》均同此本。

三中解釋「司寤氏」的時候就說，「此謂施於國中者，日出而作，群動皆起，日入而息，群動皆止。掌夜時以星分夜，亦人事作息之節，而於國中則尤所當急也。……以是詔夜守之士，嚴夜禁之法則，有晨侵於夜而行者，暮侵於宵而行者，或夜遊不止，皆奸偽之所集，故皆禁之」[63]。而宋代人陳友仁在解釋為何要有「司寤氏」的時候，也引劉氏說「其晨侵於夜而行者，暮侵於宵而行者，不可測其奸非也，夜而遊者，妨眾息也，皆禁之焉」[64]。同時，按照他們對古代歷史的理解，他們認為商周王朝導致政治腐敗和生活淫亂的一個原因，就是夜不寐日不作。在解釋殷商人群聚飲酒的歷史時，他們說，古代之所以禁止群聚飲酒，是因為有「謀大奸者」，所以一定要禁止「夜聚曉散」，因為，夜聚曉散很可能是「聚而為妖逆者」或者導致「荒逸淫亂」[65]

但是，這畢竟是傳統農業社會的生活秩序，宋代以後尤其是到了明清時代，商業城市的出現和都市生活習慣，開始漸漸瓦解人們這種日夜分配的觀念和習慣。北宋時孫升已經說到，「城郭之民，日夜經營不息，以售百物，以養鄉村」[66]。而在南宋的杭州，更是商業買賣「晝夜不絕，夜交三四鼓，遊人始稀，五鼓鐘鳴，賣早市者又開店矣」[67]。耐得翁的《都城紀勝》裏說杭州的夜市，除了大內附近的少量地區外，都熱鬧非凡：

63 易祓：《周官總義》，《四庫全書》影印本，卷二十三，第92冊，594頁。

64 陳友仁：《周禮集說》，《四庫全書》影印本，第95冊，676頁。

65 《書經大全·梓材》：「亦當時之法，有群聚飲酒謀為大奸者，其詳不可得而聞矣。如今之法有曰：夜聚曉散者皆死罪，蓋聚而為妖逆者也。使後世不知其詳而徒聞其名，凡氏夜相過者輒殺之可乎？」

66 李燾：《續資治通鑑長編》，卷三九四，元祐二年（1087）正月辛卯。

67 吳自牧：《夢粱錄》，卷十三，180頁。

坊巷市井，買賣關撲，酒樓歌館，直至四鼓後方靜，而五鼓朝
馬將動，其有趁賣早市者，復起開張，無論四時皆然，如遇元
宵尤盛[68]。

商業城市的這種顛倒的生活節奏，日益瓦解著各種官方的規矩，使得
「夜禁」常常成為一紙空文。而元代的鄭介夫在描述大都的市民生活
時更說，「今街市之間，設肆賣酒，縱妻求淫，暗為娼妓。……三四
群聚，扇誘客官，日飲夜宿，……都城之下，十室而九，各路郡邑，
爭相傚仿」，可見這種大異於鄉村秩序的都市生活風氣已經廣泛傳
播，這種風氣在嚴重地侵蝕著傳統社會的基礎[69]。儘管明代可能是最
嚴屬地依照傳統生活制定制度，以維護秩序的朝代，但到了明清之
際，江南的都市同樣因為商業和消費，漸漸出現所謂不夜城，很多夜
間的活動越來越頻繁。像夜航船，「吳中鄉鎮四布，往返郡城，商販
必覓航船以代步，日夜更番，迭相來往。夜航之設，固四時皆有之」
[70]，這種日夜不息的運作和夜不歸宿的生活開始使都市與鄉村的生活
秩序背離。至於近代以來電燈的發明與引進，更使得這種來自鄉村的
生活秩序在城市土崩瓦解，同時也造成了傳統生活中的時間觀念在現
代城市市民中的漸漸消失，這當然已經是後話了[71]。

---

68 耐得翁：《都城紀勝》，《東京夢華錄・都城紀勝等》五種合刊本，3頁，北京，中國
   商業出版社，1982。
69 楊士奇編：《歷代名臣奏議》，卷六十七，第434冊，854頁。
70 袁學瀾：《夜航船》，載《吳郡歲華紀麗》，329頁，南京，江蘇古籍出版社。
71 關於近代電燈的發明和引進對城市生活的影響，可以參看熊月之：《燈燭之情：從
   油燈、蠟燭到電燈》，收入熊秉真編：《睹物思人》，183-206頁，臺北，麥田出版，
   2003。

「唐宋」抑或「宋明」
──思想史和文化史研究視域轉變的意義

一　思想史與文化史：既連續又斷裂的唐宋

　　「唐宋」彷彿早已成為一個關於歷史時段的固定詞彙，在過去的文化史和思想史研究裏面，大家經常把「唐宋」放在一起討論。隨意舉一些例子，在中國學者中，比如像柳詒徵、錢穆、傅樂成[1]；在美國方面，已經譯成中文的包弼德（Peter Bol）《斯文：唐宋思想的轉型》就是把唐宋連在一起討論的[2]；而日本方面，則可以看宮澤知之的《唐宋社會變革論》以及丸橋充拓的《唐宋變革史研究近況》的介紹[3]。很顯然，「唐宋」已經不言而喻地成了歷史研究的一個有意味的

1　柳詒徵：《中國文化史》，第十六章，488-496頁，上海，東方出版中心，1988。錢穆：《唐宋時代文化》，《宋史研究集》，第三輯，1-6頁，臺北，國立編譯館，1966,1984。傅樂成：《唐型文化與宋型文化》，《漢唐史論集》，339-382頁，臺北，聯經出版事業公司，1972，1995。羅褘楠在其未刊論文《模式及其變遷──史學史視野中的唐宋變革問題》中，對此有較多的討論。

2　〔美〕包弼德：《斯文：唐宋思想的轉型》（This Culture of Ours: Intellectual Transitionsins in T'ang and Sung China, Stanford University Press, 1992），南京，江蘇人民出版社，2001。又參見包弼德：《唐宋轉型的反思──以思想的變化為主》，《中國學術》，第三輯，63頁，北京，商務印書館，2000。

3　〔日〕宮澤知之：《唐宋社會變革論》，《中國史研究動態》，1999年第6期。〔日〕丸橋充拓：《唐宋變革史研究近況》，《中國史學》，第11卷，2001年10月。順便可以說到，很早以前市村瓚次郎主持編纂集成的《東洋史統》，其中中世（下篇）就是從隋唐到宋金。

時段,以這個時段來研究歷史的觀念至今還是主流。就在2001年,北京大學召開的關於「婦女史研究與歷史學」「佛教與社會」的國際討論會,都是以「唐宋」為一個時間段的;而在2002年,廈門大學與浙江大學都召開了有關唐宋歷史的學術會議,主要議題都與唐宋社會變遷相關。那麼,為什麼會這樣呢?我覺得,把「唐宋」放在一起作思想史或文化史研究,也許是因為兩個意味相反的原因。

一是因為唐宋歷史的「連續」。在人們普遍的歷史感覺中,唐宋有一種連續意味,不僅僅是因為古代人就已經看到,從政區制度、官僚制度、科舉制度、禮樂制度各個方面,宋代都延續了唐代,於是把唐宋連在一起,說「宋承唐制」,而且,從一般的歷史感覺上,唐宋也是古代中國兩個文化和思想上都值得推崇的鼎盛時代。說「唐詩宋詞」也好,說「唐宋傳奇」也好,有過李白杜甫王維的那個盛世,和《清明上河圖》《東京夢華錄》記載的時代,也還是能互相接續的。所以「唐宋」就這樣彷彿成了一個固定詞組,標誌一種對於歷史的連續記憶,一直到現在,很多人也習慣地把這兩個朝代放在一起[4]。

另一個原因卻相反,恰恰是在於人們意識到唐宋歷史的「斷裂」。很早以來,就有人意識到唐和宋的不同,但大多是直覺把握或籠統感受,並沒有理性地提出可供分析的框架,直到日本的內藤湖南,才根據西洋史的理論,明確地提出一種理論,把唐算作「中古」的結束,而把宋看成「近世」的開始。如果看他那篇引起很多爭議的《支那論》和《唐宋時代的概觀》就可以知道,他是站在後世回頭

4　研究歷史的黃仁宇在《從唐宋帝國到明清帝國》中有一個說法,他覺得唐宋帝國是「外向的,而且是帶有競爭性的」,而明清帝國「則符合內向及非競爭性」,見《九州學刊》,1988年二卷三期。而研究文學的鄭騫在《宋代在中國文化史上的定位》中也有一個說法,他覺得「唐宋兩朝,是中國過去文化的中堅部分。中國文化自周朝以後……到唐宋才算發展完成,告一段落,從南宋末年再往後,又都是從唐宋出來的」,載《永嘉室雜文》,218頁,瀋陽,遼寧教育出版社,1998。

看，發現唐代還是貴族社會，而宋代是君主獨裁與平民主義的社會，而晚唐五代是一個過渡期。從唐到宋，前後兩個時代，一切都不同了，所以，唐宋成了中古和近世的分水嶺。這種意見得到很多學者的支持，後來他的學生宮崎市定更把這一說法具體化，補充了很多很多方面的證據，而且很多人憑著讀史的經驗，更提出了以安史之亂作為標誌性事件的看法。在中國，像陳寅恪《論韓愈》就是這個看法，錢穆《唐宋時代的文化》也是這個看法[5]。但是，正是因為唐宋的巨大差異，反而在研究中把這兩個時代連在一起了，唐代始終是宋代存在的巨大背景，而宋代則始終是唐代的歷史延續，不僅是歷史與思想，也包括文學[6]。

很早就有人指出過這一微妙處，1918年傅斯年有一篇討論中國歷史分期的文章指出，唐宋兩代的歷史是既斷裂又連續，「就統緒相承以為言，則唐宋為一貫，就風氣異同以立論，則唐宋有殊別。然唐宋之間，既有相接不能相隔之勢，斯惟有取而合之」[7]，這話很有意思。最近，有學者呼籲要有兼通宋史的人來研究唐史[8]，這是很對的，其實研究宋史的人，常常也會關心唐史，研究歷史的人總是要做歷史尋根的，沒有因，哪有果呢？

具體到文化史、思想史研究裏面來說，這種看法有它的合理性。

5　前引錢穆《唐宋時代文化》說，中國文化經過多次大變動，「自春秋戰國至秦朝為一大變動，自唐迄宋又為一大變動，尤其是安史之亂至五代的變動最大」。關於變動，他的三個根本的觀察標準是從封建社會、門第社會到科舉社會。關於唐宋，他還有一個說法，稱「唐以前的中國社會是不平等的，宋以後的中國社會是平等的，唐以前的中國人的人生是兩面的，宋以後是一面的」。

6　如唐宋詩，錢鍾書《宋詩選注》裏面就說過這一點，見《宋詩選注·序》，13頁，北京，人民文學出版社，1982。

7　傅斯年：《中國歷史分期之研究》，載《北京大學日刊》，人民出版社影印本，1918年4月17日-23日，北京，人民出版社，1982。

8　張國剛：《二十世紀隨唐五代史研究的回顧和展望》，《歷史研究》，2001年第2期。

因為，我們把唐宋連在一起，就可以發現和解釋很多歷史事實的來龍去脈。比如，盛唐以後對於孟子的升格運動，使上層儒家思想的方向從荀子強調「禮法」一路，轉向孟子一路的「性善」「良知」「好辯」，引起了劉子健說的「中國轉向內在」，確立了宋代重視「內在超越」的路數[9]。比如，韓愈「文起八代之衰」，他的《原道》開創了宋代新儒家重新解釋儒家經典和歷史的道路，而他的學生李翱的《復性書》結合儒釋兩家的說法，把儒家的道德約束從外在轉向內在，結果是使佛教理論進入儒家學說，而新的儒家學說有效地超越和涵蓋了佛教，同時也有效地取代和抵制了佛教。再比如，很多人都知道，宋代有懷疑經典可靠性的風氣，這種風氣可以追溯到中唐時代啖助、趙匡、陸淳等人的質疑《春秋》三傳，它影響了宋代對於傳統經典的態度，甚至開創了宋代很有近代意味的學術風氣[10]。而從唐代貞元、元和年間開始的變禮迭出、儀注盛行，也改變了傳統的經典之禮，使禮儀與社會生活脫節的現象得到改變，以至於影響到了宋代[11]。這樣的例子很多很多，都是從唐代開始萌芽，到了宋代開始變成思想史、文化史上的現實的，所以我們說，唐宋之不同，恰恰更使唐宋歷史聯繫在一起，套用一篇論文的名字，也可以說是「沒有中唐，何來兩宋」[12]。

　　文化史與思想史指出的這種現象，得到了政治史、經濟史、社會史各方面資料的支持。比如說，貴族社會的瓦解，科舉制度造成的社會階層流動，家族重建中形成的新的士紳階層，都成了解釋這些文化

9　劉子健：《中國轉向內在：兩宋之際的文化內向》，南京，江蘇人民出版社，2002。以下引《中國轉向內在：兩宋之際的文化內向》均同此本。

10　參看林慶彰、蔣秋華主編：《啖助新春秋學派研究論集》，臺北，中研院文哲所，2002。

11　參看姜伯勤：《唐貞元元和間禮的變遷——兼論唐禮的變遷與敦煌元和書儀》，載《敦煌藝術宗教與禮樂文明》，北京，中國社會科學出版社，1996。

12　這是借用王德威論文《被壓抑的現代性——沒有晚清，何來五四》的名稱，見其《想像中國的方法》，北京，三聯書店，1998。

思想變化的背景。我們舉包弼德《斯文：唐宋思想的轉型》一書為例，他的分析思路就是這樣的：由於八世紀以後，就是安史之亂以後的帝國分裂和藩鎮叛亂，使一切成了「不確定的世界，其中規範性的典範至多不過是臨時的，聖人的意圖也成了需要闡釋的東西」，所以，士人深切感到需要挽救「斯文」。這個「斯文」用包弼德的說法就是「我們的文化」，因此才開始產生了後來的「道學」或者叫「理學」。當一部分士人越來越傾向於「理」和「心」的時候，文化當然轉向了「內在」，因為，在政治層面真正起作用的、外在的現實主義策略和制度，逐漸在意識或觀念中被認為，這是次要的價值，更高的價值應當是超越具體的「天理」「心性」。而這一切變化，又和社會背景的變化有關。他分析說，因為唐代社會給一般讀書人提供了寬鬆空間和多元途徑，包括科舉入仕、藩鎮延攬人才，使得很多優秀的士人可以衝擊門閥貴族，並使得壟斷知識資源的貴族瓦解，貴族社會的色彩也越來越淡化。這種現象，也使過去壟斷知識和真理、熟悉外在儀節、依賴血緣系統獲得合法性地位的貴族社會，轉向了依賴學習和努力、重視內在修養和精神、強調平民主義的士紳社會。根據他的分析，從唐到宋，首先，是意義和價值的宇宙依據發生了變化，從「天」到「理」；其次，是意義和價值的歷史基礎也發生了變化，從「上古」即歷史作為證明，到「心靈」或「觀念」作為依據[13]。

---

13 包弼德在近年發表的《唐宋轉型的反思：以思想的變化為主》中，提法更加明確一些。他進一步說明，過去，關於唐宋轉型的傳統解釋是，「在社會史方面，唐代結束了世襲門閥對政府的支配，宋代開始了一個現代的時代，它以平民的興起為標誌。」「在經濟史中，唐宋轉型是以經濟秩序的根本變化為標誌的政府對商業失去了控制。」「在文化史上，唐代這個由虛無和消極的佛道所支配的宗教化的時代，讓位於儒家的積極、理性和樂觀。精英的宮廷文化讓位於通俗的娛樂文化。」「在政治史方面，唐宋轉型卻帶來了與朝向現代性的進步根本不同的變化，這種朝向現代性的進步是以社會流動、商業成長和文化變化為代表的。當平民在政府中取代了

二　從唐宋到宋明：「視域」的變化

　　這些都很有啟發意義，至今這種分析的思路和方法都還有效，至少，今天的我們還是在這一框架內討論思想和文化史的變化的。任何理論和方法的意義都不是改變歷史，因為歷史是已經消失的「過去」，你也改變不了。但是，理論和方法的意義在於讓我們重新理解和解釋歷史。蘇軾詩「橫看成嶺側成峰，遠近高低各不同」，原來總用來形容盲人摸象，只看到一面而不能看到全局，但是，歷史研究恰恰就是這樣，一種新的理論方法出來了，它給你清除很多枝蔓雜蕪，讓歷史的一面變得突出清晰起來，另一種理論方法來了，又讓你看到另一面，讓你有清楚的焦點，有朦朧的背景。事事都想清晰可見，不太可能。很多人都指出，儘管內藤的理論很簡單，但是自從這種說法提出來以後，一下子使很多問題清楚起來了，對於唐宋之間的變化，也有一個有效的解釋理論了[14]。

　　不過，需要深思的是，是不是可以有另一種理論和方法，在不改變這種對歷史分期認識的情況下，用另一種視域——「視域」（perspective）這個詞多少有點兒生造——就是劃分研究時段的眼光

士族，由士族政治領袖所提供的對王室權威的制衡消失了。其結果就是中國早期的現代性以不斷增長的獨裁為標誌。」但是，包弼德認為，這裏有一些問題，應當有新的解釋。比如在社會史方面，並沒有平民的興起，而是「士」即地方精英的壯大和延續；在經濟史方面，也不能忽略國家制度介入經濟和國家貿易；在文化史和思想史上，是唐代基於「歷史」的文化觀，轉向宋代基於「心念」的文化觀，從相信皇帝和朝廷應該對社會和文化擁有最終的權威，轉向相信個人自己做主；在文學和哲學中，人們越來越有興趣去理解萬事萬物如何協調為一個體制。見《中國學術》，第三輯，63-87頁，北京，商務印書館，2000。

14 關於內藤的分期方法，現在有一些批評意見指出，他是按照西方近代的模式來觀看中國歷史的，所以也屬於後設的理論假說。這種意見有一定道理，但問題是，至今也還沒有新的、有歷史資料作為依據的假說提出來取代它。

和方法，使思想史、文化史研究有一個新的框架，以便我們提出新的問題，容納新的材料，得到新的解釋？所以，我在這裏特別要說的是，在文化史、思想史領域，能不能把我們歷來習慣的唐宋對比的方法，改為注重宋明連續的研究思路？[15]

有人會說，這是不是朝四暮三變成朝三暮四來嘩眾取寵呢？過去說唐宋時代不同，你並沒有否定，過去說從宋明是近世，你不也還是在說宋明連續嗎？但是，事情並不是這樣簡單的。早些時候，美國學者伊佩霞（Patricia Buckley Ebrey）曾經發表一篇與墨子刻（Thomas A. Metager）論戰的文章[16]。在這篇文章中，她批評墨子刻對於精英的研究思路，指出她自己和墨子刻之間的差異，首先就是社會文化史家應當注重上層人士周邊的歷史背景與文化現實，應當注重一種妥協的思想與原則。這是因為她認為，「妥協性思想」才是他們把經典和哲學結合和使用於人們所處的社會的思想，而這種思想是由各種不同的價值所合成的，可是，墨子刻卻僅僅把這種思想看成是無足輕重的，因為他更看重「創造性思想」。我以為，這裏面有兩個詞很有意

---

15 這一點，美國學者似乎已經注意到了，1997年7月，美國學者曾經召開了「宋——元——明的轉型」討論會，會議的論文集The Song-Yuan-Ming Transitionin Chinese History（Paul Smith主編），將由加州大學（University California）出版。而包弼德在《唐宋轉型的反思：以思想的變化為主》中也曾經提到，「那些著手從事宋史研究的史學家，他們面臨的問題，是打算集中精力來說明宋代何以不同於史上的其他時期，還是打算在宋代與其後的時代之間建立聯繫，可惜他沒有繼續深入下去討論。

16 見〔美〕伊佩霞：Neo-Gmfucianism and the Chinese Shih-Ta-Fu, American Asian Review, Vol.4, no.l, 1986。她指出，過去思想史文化史注意的精英思想和經典教育，就像希臘和拉丁經典及基督教神學對於歐洲精英的意義一樣，對於普通生活很難起決定作用。所以，她在結論中說：一、很多被哲學家責難的、沒有致力於德行教育的士人，可能恰恰是行為符合社會文化實際狀況的、正當的和謹慎的一群；二、擁有轉化性思想的是一群人數很少的，但確實有創見的人，大思想家和大政治家就是從這裏出來的；三、那些其他的士大夫，他們如何理解所處的世界，這也是思想史應當關注的。

思，一個是「創造性思想」（Creationary Ideas），一個是「妥協性思想」（Transigent Ideas），這裏就從這兩個詞語的意味說起。

我們說，在過去思想史和哲學史的範圍裏面所涉及的宋代，尤其是北宋的很多思想與文化，都是「創造性」的。什麼是「創造」呢？簡單地說，就是以前沒有的，現在出來了，它們是「新」的。過去的文化史思想史研究都是關心「新」的，以前沒有的某種思想和文化現象，現在被某人提出來或在某處出現了，寫思想史文化史的人，就一定會趕緊把它記載下來，因為這是「新變」[17]。像前面我們提到的推崇孟子、突出「理」的超越意味、討論人性如何復歸、疑經疑傳等等，這些在唐宋之際都是「新」的，包括北宋道學提出的「行天理，滅人欲」「失節事大，餓死事小」等等很嚴厲很高調的道德標準也是「新」的[18]。毫無疑問，文化史思想史的研究者應當把它們記載下來。同時，作為一個歷史研究者，又需要對這些新東西追根溯源，所以，人們就一定會尋找到中唐。作為一個有自己論述觀點的著作，又要給這種新的文化思想現象的出現，尋找到歷史解釋的根據，所以，研究者也一定會在唐代以來的社會變化中間，尋找這種新現象的歷史背景，因此會講到唐代科舉制度的興起和貴族社會的瓦解等等，這樣一來，就把唐宋連在一起了。

---

17 參看葛兆光：《思想史，既做加法也做減法》，載《讀書》，2003年第1期。

18 比如，在宋代理學家提出「失節事大」「不可再嫁」之類的口號的時候，很多人還是再婚再嫁的，說明那些高調的理想觀念並不那麼普遍落實。舉一個例子，柳立言《淺談宋代婦女的守節與再嫁》中捉到，朱嘉的《朱文公文集》卷二十六《與陳師中書》裏面確實捉到伊川先生說，「餓死事小，失節事大」，希望他的妹妹「養老撫孤，以全柏舟之節」，但是，他自己在地方官任上，不時發布勸俗諭俗文，但都沒有大力提倡婦女守節。而在《語類》一〇六《浙東》裏面還說到「若是夫不才，不能育其妻，妻無以自給，又奈何？這似不可拘於大義」，這裏的原因，其實就是他在《與陳師中書》裏面講到的，那些大道理，「自世俗觀之，誠為迂闊」，他不能不有所「妥協」。見《新史學》，1991年二卷四期。

　　可是應當注意到，當這些新思想還是「新思想」，新文化還是「新文化」的時候，它可能只是少數精英的天才想法和少數先進的自覺行為。「先進於禮樂者」和「後進於禮樂者」兩相比較，前者畢竟少得多。如果一般知識、思想和信仰世界都有這種看法和行為，那麼這種觀念就成了常識，這種行為就成了風俗，而不是所謂的新思想、新文化了。所以，凡是新思想、新文化，在它被歷史初次記載下來的時候，都還是一些剛剛提出來的觀念，一些剛剛萌發的設計，就像剛剛繪製的圖紙，還不是大規模製造的產品。比如，我們討論春秋時代末期，孔子曾經陳蔡絕糧，曾經歎息「道不行，乘桴浮於海」，可見還是很絕望的。所以，如果說公元前六到五世紀的時候是孔子的時代是可以的，但是，要說那個時候已經是孔子思想的時代了，就很值得懷疑。事實上，一種思想真正地經由普及而成了「常識」，常識落實於生活而成為「習俗」，又由於普遍認同，經過官方規定而成為「制度」，其實都有一個過程。在這個過程裏面，思想就會發生一些妥協性的變化。因為某種思想被士紳即精英知識分子提出來的時候，常常是理想的、高調的、苛刻的，但是，真正在傳播與實施過程中間，它就要變得妥協一些、實際一些，讓圖紙變成現實，這可以用一個詞來說，就叫做「變身」。宋代理學家的思想就是這樣的[19]。田浩曾經警告宋代思想的研究者，說一定要注意宋代學說的多樣存在和精英思想的曲高和寡，「雖然十一世紀宋學開始崛起，十二世紀中期以後道學開始上升，但在這幾個世紀中，很多儒者仍然忠於傳統的正統觀念，反對宋學和道學，認為二者不過是一些文化發明，其中反映了近期某些

---

19 朱瑞熙等編《遼宋西夏金社會生活史》的《前言》中也指出，宋代理學「對宋代社會生活的影響實際並不像某些學者想像中這麼嚴重」，見朱瑞熙：《遼宋西夏金社會生活史》，5頁，北京，中國社會科學出版社，1998。

人為獲得名聲和權勢而散佈的鄙陋的觀點。[20]這是很對的，我們後人的研究，常常把焦點放在某一個或某一些人身上，於是其他人就成了模糊的背景。當我們把一些人當作思想史的重心，加以濃墨重彩地書寫，他們那些本來可能淹沒於「日常」的「異常」思想就被聚焦的強光照射而凸顯了，以至於我們可能把它們提前算成了當時的主流。古代常常有「經」和「權」的說法。什麼是「權」？就是實際生活裏面的權宜行事，只要大體不那麼違背原則就可以，這種「權」就是「妥協性」。而這些思想的「妥協」，實際上造就了後來的「傳統」。這種新的中國思想與文化傳統，是在北宋開始發軔，經由南宋士紳和官員的努力，在元代異族統治期間並沒有中止，反而仍然作為「古層」和「低音」延續[21]，到明代漢族人政權重新建立起來以後，又在朝廷和士紳的重新強化下，通過教育、考試、宣傳等等途徑大體上完成的。據說，現在的經濟學界對於經濟的研究方法，經歷過一個重視「經濟策略和計劃的提出」到重視「經濟制度的落實和衰變」的改變，那麼，我們的文化史和思想史研究，是不是也可以有這樣一個重視「創造性思想」到重視「妥協性思想」的變化呢[22]？

問題是，從「唐宋」到「宋明」，從「創造性」領域到「妥協性」領域，這樣的視域變化對於思想史文化史研究來說，又有什麼價值和意義呢？

---

20 田浩：《從宋代思想論到近代經濟發展》，《中國學術》，總第十輯，2002年第3期。

21 這裏我用了日本學者丸山真男的兩個比喻，「古層」的概念是來自地質學的術語，「執拗低音」的說法是音樂學的比喻，丸山真男用來指頑固而執拗地成為思想文化的基礎，見《原型、古層、執拗低音——日本思想史方法論についての私の步み》，《丸山真男全集》，第十二卷，150-153頁，東京，岩波書店，1996。

22 劉子健在《略論南宋的重要性》中其實已經提出，中國近八百年來的文化，是南宋模式，是經過北宋起源，到南宋定型的。載其《兩宋史研究彙編》，79-85頁，臺北，聯經出版事業公司，1987。以下引《兩宋史研究彙編》均同此本。

三 意義之一：兼顧一般知識、思想與信仰世界

首先，我覺得這會真正地把文化史和思想史研究的關注領域，從僅僅圍繞和矚目精英與經典，轉為兼顧一般知識思想與信仰世界。

我在《中國思想史》裏面，特別強調思想史研究要關注「一般知識、思想和信仰世界」，也就是說，注意「常識」的世界。如果我們真的把研究注意力較多地放在常識世界，那麼，我們也許就會看到，宋代很多精英思想、很多形而上的觀念、很多隱隱的焦慮和思考，其實都是要在很晚很晚，才經由世俗化過程，而被社會接受為常識的。所以，如果我們真的轉變研究思路，把注意力從關注新思想和新文化現象的創造，稍稍轉移到思想與文化的妥協，即制度化、世俗化、常識化，我們就會更多地研究過去思想史很少關心的領域，比如宋代到明代的家族重建，鄉約、家規、家禮的制定和施行，學校教育與考試制度對社會思想觀念的具體影響，政治生活世界和日常生活世界的分裂，官方的政治勸諭造成的思想與文化制約，佛教、道教與儒家學說之間在勸諭民眾遵守生活基本倫理方面的彼此協調和融合等等。

進一步細說的話，這裏的研究領域可以舉出三個方面：第一方面，研究一下這些精英創出的思想──其實也是對社會秩序和內在心靈的高超而理想的設計──是怎麼樣進入「私密領域」，並且開始侵入並干預日常生活的。這樣，你就要去討論理學原則怎麼成為官方制度的，要研究宋元何以開始出現勸善書、功過格的，要去討論宋代以後重新整合或建立的宗族共同體，是怎麼樣通過祠堂祭祀、族規家禮、譜牒書寫等等，進一步限制和約束私人生活領域的。我們知道，很多本來可以公開的生活世界中的觀念、風俗和行為，比如對於男女、情慾、身體、信仰等等，會被那些精英規定的新原則所侵蝕，這樣一來，原本公開的、合理的東西，漸漸就變成秘密的、邊緣的、私

密化的領域，這樣就出現了公開與私下、政治與生活、書面與口頭等等很多分裂，於是，過去同一的話語，便開始越來越清晰地分裂，變成公共政治的、學術共同體的、私人生活的不同話語。[23]第二方面，還要研究一下這些「創造性」的思想，是怎麼樣，通過什麼途徑，從上層精英這裏，向普通民眾那裏傳播，並且在下層社會也獲得似乎天經地義的正當性的。如果文化史、思想史關心這方面的內容，你就還得去涉獵更多的東西，要去研究一下朝廷的詔諭、地方政府的文告、官員的勸俗文，甚至包括文化官員的任命、調動和推行這些道理的具體舉措、大道理在實際推行中的變化等等[24]。你還得考察小說、戲曲、唱本以及這些通俗文藝形式在當時的演出情況，要去關心這些東西承負了多少新思想的傳播，這些傳播給民眾的東西裏面，對那些創造性思想，有多少修正和妥協[25]。而這種修正和妥協，又需要多少時間和力量，來實現它的制度化規定和世俗化普及[26]。第二方面，你可能還要討論城市與鄉村，中心區域與邊緣區域之間的文化傳播關係，

23 關於三種話語的問題，參看葛兆光：《十八世紀的思想與學術——評艾爾曼〈從理學到樸學〉》，《讀書》，1996年第6期。

24 比如朱熹的《家禮》，就把過去的婚姻六禮，減為三禮，把過去士大夫和庶人分別在家廟和寢進行祖祭的方式，改為適合一般士庶的祠堂之制。參看楊志剛：《朱子家禮：民間通用禮》，《傳統文化與現代化》，1994年第4期。

25 徐秉愉《遼金元三代婦女節烈事蹟與貞節觀念之發展》所引述的資料說明，寡婦守節作為普遍的社會現象是元代後期的事情，見《食貨》復刊，1980年十卷六期。而張彬村《明清時期寡婦守節的風氣》一文中也指出，禁止寡婦再嫁，鼓勵守節的那些道德風氣和倫理規定，其實是在政府提倡、民間教化、經濟機會、救助等等社會環境中，到明以後才漸漸形成的，而且它的長期持續，有賴於流風效應與道德壓力，見《新史學》，1999年十卷二期。

26 田浩在《從宋代思想論到近代經濟發展》中曾經針對家庭財產分配、婦女再嫁等現象指出，儘管宋代理學家致力於父系家族的建設，致力於強化寡婦貞節觀念，但是「直到十四世紀初，蒙古人統治之下，朱子學者具有發言權時，法律才有了改變」，見《中國學術》，總第十輯，2002年第3期。

究竟那些被認為是精英的、嚴厲的、理想的思想觀念，是如何由城市到鄉村，從中心向邊緣區域傳播的。人們都知道漢代文翁在四川的文化傳播和教育普及，使得蜀地士人認同儒家文明，也使蜀地與其他地區開始具有文化的同一性。但是，中國各地文明的同一性質和文化的認同基礎是逐漸形成的。宋代以後，交通更加發達，印刷品流通更加方便，士人到處遊宦，商賈四處販運，這更促進了「文明」的傳播。近年來，日本學者包括研究宋史的學者，相當注意地域社會這一個視角，這固然是受到美國學界的影響，目的是消解過去研究中固定的「中國」整體觀念，但是從某種意義上說，它也提醒我們，宋代中國的文明同一性，確實是一個逐漸建構和整合的過程。因此，研究主流文化在官方和士紳雙重支持下，在教育與法令的雙重推動下，傳向不同區域的過程，研究不同區域對於主流思想與文化的傳播、抵制和接受，以及傳播中的修改和妥協，就是一個很重要的課題。

說到「妥協」，這裏還要提到文化史和思想史的另一研究領域的適當擴大。在上面提到的伊佩霞的論文裏面，她提到，她之所以對於各種社會思想裏面的非儒家成分有興趣，因為它可能是妥協性思想的來源和原因。為什麼呢？我的理解是，在傳播的時候，思想和文化的形態是會改變的，原來民眾中間流行的東西，在很大程度上，會抵制過分嚴格的精英思想和純粹的士紳原則，而上層的文化與思想在進入民間的時候，也會向原來根深蒂固的信仰和習慣作一些讓步。所以，當我們注意到這一點以後，原來聚焦在儒家與新儒家的注意力，就要適當地分給佛教、道教及其他各種民間信仰上面，因為這些宗教信仰在民眾社會生活中間，是有相當大的影響力和控制力的。反過來，我們也應當適當注意的是，佛教、道教以及各種民間信仰，為了保持在社會生活中的存在位置，也要適時作出調整和妥協，否則在以儒家為主流意識形態的社會裏將無法生存，這就是宋代以後佛教道教接受並

宣傳儒家倫理道德，製作各種善書、功過格的原因之一[27]。同樣的道理，宋代那些精英知識分子，包括一些成為政府官員的士人，儘管常常持嚴格的道德主義理想撰寫著作，發表意見，但在作為地方官員處理實際事務時，也要對這些根深蒂固的信仰讓步。皮慶生在作宋代祈雨的研究時，就注意到這種讓步和妥協。他看到，儘管很多儒家知識分子對祈雨中的「異端」有所批評，但在「無奈的現實」面前，「只好在儒家原有的儀式方法基礎上，對釋道、民間傳統暫時容忍，或略加修改，並在其中注入儒家的理念，從而恢復儒學對社會的全面控制」[28]。

四　意義之二：關注新文化與新思想的制度化、世俗化與常識化

其次，隨著文化史思想史的研究重心逐漸在新文化與新思想的創出之外，兼顧新思想與新文化的普及和落實，因而這種新思想與新文化的制度化、世俗化和常識化過程，將成為文化史與思想史研究的一個重要歷史脈絡。可能有人會注意到，我在這裏特意用了「制度化」「世俗化」和「常識化」三個詞，實際上，我是想分別對應官方禮法制度的建立、民間風俗習演的變化，和一般思想世界的形成這三個方面。

我們知道，官方的規定，比如科舉考試的內容、法律判案的標準、地方的榜諭通告，都會對人們的觀念和行為產生約束和影響。像

---

27 比如道教影響甚大的《太上感應篇》《太微仙君功過格》，據學者考證，就是宋元時代的作品。參看朱越利：《太上感應篇與北宋末南宋初的道教改革》，載《世界宗教研究》，1983年第4期。

28 皮慶生：《祈雨與宋代社會》，清華大學碩士論文。

宋代朝廷和地方政府，在兩宋的幾百年間，對淫祠淫祀、殺人祭鬼，對拋棄父母、薅子及火葬的禁令[29]。這裏面蘊涵了一些精英的倫理道德和價值觀念，在長期禁止和提倡中間，會使民眾逐漸形成某種觀念和習慣。我在《中國思想史》第二卷裏面就專門講到兩宋官方，在幾百年間，曾屢屢下令推廣各種理想的關於社會生活的規則和儀式，運用權力將經典所表述的觀念轉化為生活中的民眾習慣[30]。在《宋刑統》《宋會要輯稿》《歷代名臣奏議》《名公書判清明集》和《慶元條法事類纂》中，都可以看到由於權力的介入，針對於民眾社會生活的一系列嚴格的法律制度被建立起來。隨著獎懲的真正施行，官員的禁止有了條文可依，士紳的提倡有了制度保障，一般民眾的生活取向有了皈依，嚴厲的禁絕與正面的提倡都有了明顯的效果。到了明代初期，除了《大明律》之外，加上規定鄉鄉必須恭寫、人人必須反覆宣講和聆聽的《聖諭》六條，倫理已成為制度，道德也成為規定。於是，為維護社會的「秩序」，這些由士大夫進行詮釋，以經典文本作為依據，為都市上層人士所認同的「文明」，就作為一套生活的普遍「規則」，在權力的支持下，漸漸開始從中心向邊緣、從都市到鄉村、從上層向下層擴張開來，建構了以漢族為中心的中國人的同一性生活倫理，也漸漸形成了一些被稱為「風俗習慣」的東西。

這是什麼樣的風俗習慣呢？這是精英們認可的「好的」和「善的」風俗習慣。由於官方通過法令和勸諭，精英知識分子、地方士紳通過童蒙教育進行的普及與宣傳，這些風俗習慣從中心到邊緣的各個地域產生了影響。人們普遍注意到，宋代的朝廷和士紳的理想，都是

---

29 以上可以參看《宋會要輯稿》，165冊《刑法二》，6500-6563頁；《名公書判清明集》，卷十四《懲誡門》中的「妖教」「淫祠」「淫祀」「巫覡」等目，535-548頁。

30 葛兆光：《七世紀至十九世紀中國的知識、思想與信仰》，載《中國思想史》，第二卷，357-358頁，上海，復旦大學出版社，2000。以下尋1《中國思想史》均同此本。

「一風俗，同道德」，建設這種道德秩序井然，風俗同樣淳樸的社會。正因為如此，我們就要注意，從宋代到明代，就有那麼多規範社會生活的鄉約、家禮，那麼多社塾鄉校教育的蒙書課本被編寫出來，並且漸漸滲透到了民眾的生活常識之中。南宋羅大經《鶴林玉露》裏面記載的，關於陸九淵家族的規矩，那就是士紳和精英在通過重新建立起來的大家族，傳達他們的生活理念，提倡他們理想的社會風氣[31]。看看元代末年孔齊的《至正直記》裏面對傷風敗俗的社會風氣的嚴厲批判，對家族和成員在倫理道德的要求，我們就可以知道宋代理學家的那些理想，正在一點一點地成為共識[32]。你再去翻一翻明代的地方志，就知道明代漢族居住的主要區域，到明代初中期，都已經變成「文明」，那時叫做「風俗淳樸」的地方了。今天，很多學者會關注嘉靖、萬曆時代的風氣變化，但是，很少有人注意，這個時代的士人之所以這麼懷念明初的社會秩序，其實就是因為明代初期，至少是隆慶以前，曾經有過一個似乎很符合理想的社會秩序和社會風俗[33]。萬曆年間，管志道在《從先維俗議》中就反覆用洪武年間的事情為例，反襯當時社會風俗的敗壞，說明明初通過國子監規要求讀《四書》和

---

31 羅大經《鶴林玉露》丙編卷五《陸氏義門》記載，陸氏家族的規矩很嚴，對於家族內的人，如有過錯，先由家族來處理，實在處理不了才告官；而每天清晨都要有人擊鼓唱歌，訓誡家族中人，要勤勞、節儉、孝悌等等；食後飲茶，也要擊磬唱訓詞，教育人「須有省，照自心，察前境」。宋理宗時曾「旌表其門閭」，也說這一個宗族的生活倫理「存學者齊家之道」。到元代鄭太和編《鄭氏規範》，說其父「仿象山陸氏帝制訓辭百餘言，每月旦望令弟子一人讀之，家人悉拜而聽焉」，見黃溍：《金華黃先生文集》，《續金華叢書》本，卷三十七《青田縣尉鄭君墓誌銘》，1頁A-B。

32 比如關於家族的共同規矩的制定和確立，關於家族內男女上下的互相關係，關於家族內個人的道德品格培養，對於讀書修身的重要性強調等等，可以參看史衛民：《元代社會生活史》，第十四章，302-305頁，北京，中國社會科學出版社，1996。

33 關於這一點，我在未刊稿《嘉靖萬曆年間關於明初淳樸世風的記憶》一文中將有較詳細的討論。

《大誥》、規定長幼尊卑序禮的規矩、要求約長必須率領鄉民學習
《聖諭》等等，確實使得社會暫時出現了規範與秩序，所以管志道說
「論禮必宗孔子，論法必宗高皇」[34]。明初的這種現象，就是我說的
「世俗化」[35]。同樣，從宋到明，當官方和士紳都合力來推行這些思
想與文化觀念，而且並不因為改朝換代而中斷這種「文明」傳播的時
候，久而久之，不僅形成了一種社會風俗習慣，而且這種包裹著人們
的日常生活的風俗習慣，就會在普通民眾心中形成一種常識。當這種
常識成為常識、習慣以後，這些常識就再也不是新的東西了，而是日
用不知的規則、道理了，這就是我說的「常識化」。

　　近來，關於「宋明」我有一個不太成熟的看法，就是宋代理學關
於社會倫理和道德、人的精神世界的很多很多高明看法，宋代士大夫
和皇帝關於社會秩序和結構的很多很多理想設計，在兩宋時期只是在
論著、奏疏、書院、語錄裏面，是在少數精英的思想世界裏面，宋代
精英描述和想像出來的文化、思想和生活秩序，其實，是要到明代前
期經過皇權與士紳在禮與法兩方面的強力推進，才真正在日常生活世
界裏成為現實的。

　　這段歷史相當複雜，絕不是在這裏可以討論清楚的，但是如果允
許我簡單地說，大致上是這樣的：宋代儘管有朱熹這樣影響廣泛的傑
出學者，但是，那些理學的嚴厲原則和高超理想，在宋代大部分時間
裏並沒有作為規矩、常識和習俗，在社會日常生活中大範圍地出現

---

34 《從先維俗議》，卷二、卷三，112頁、127頁，載《故宮珍本叢刊》，第477冊。

35 日本的岸本美緒在臺灣發表過一個《風俗與歷史觀》的演講，說到風俗是有關社會
　秩序的十分重要的關鍵詞，特別提到「移風易俗」的重重性，並指出「風俗概念在
　某種程度上反映著當時為政者或者士大夫的社會觀，他們不得不承認社會的多樣
　性，採取烹小鮮式態度來慎重地對付社會問題，同時他們的最終目標應該是在普遍
　的立場來謀求天下萬民的幸福」，並且指出討論風俗，可以注意到的三個面向，即
　多樣與普遍、文教與樸素、個人與社會，見《新史學》，2002年十三卷三期。

過，直到南宋末甚至元代，才漸漸在漢族士人中開始被接納。儘管研究者認為，蒙元統治者管理的是一個多元種族、多元文化的社會，儒者的地位不高，「儒道」也不能普遍用於「天下」[36]，但是，應當看到，從思想史的角度，尤其從思想學說的制度化、世俗化和常識化角度來說，元代仍然是宋明之間的連續性環節。因為，第一，蒙元對漢族地區的控制是相當表面和鬆散的，儘管中樞大員均為西域人、蒙古人，但地方直接管理的官員和吏員卻多是漢人，而且各地從宋代以來重新建立的宗族也並未受到很大的摧壞，蒙元皇權的文化控制力仍然有限。第二，恰恰因為這些地方長吏，往往出自儒者，所以，他們仍然在以過去的理念推動「道理」的制度化；同時，由於不能進入主流的儒士對於官學之外「私學」的格外重視，也使得元代儒學有一個真正的世俗化過程[37]。第三，文化延續和思想傳統，常常並不因為王朝權力的轉移而斷裂。雖然在上層政治中，權力歸屬已經發生了族群變異，但是文化卻是要通過教育而延續的，元代儒者的沉淪下僚，長於吏學，也許恰恰促成了理學觀念的「下達」[38]，即在儒者官吏推行下

---

36 關於元代的情況，參見蕭啟慶：《元代的儒戶：儒士地位演進史上的一章》，載其《元代史新探》，40-41頁，臺北，新文豐出版公司，1983。一般研究者的結論認為，元代雖然實行科舉，用朱子之學，但是，從觀念上說，蒙古上層以實用為主，而漢族士人則「多以中國為本位」，漢人主漢化，蒙古所定位的，只是大帝國的中國部分，因此有一定衝突。從身份上說，蒙古統治者本來希望儒者從事的是教育和文藝，並不很期待那些政治理想與政治方略，但是儒者常常是要談論那些道德與倫理的，可是這種期待並沒有得到更多的實現機會，因為儒士從政者中以吏員為多，儘管本來儒者的主張是道理治國，但是實際上仍然偏向於「雜霸」一流。

37 方回在《桐江續集》卷三十一《送柯德陽如新城序》就提到公學與私學之差異，他特別稱讚為私家「師」之意義，在不能「兼濟天下」的時候，他們會比較多地選擇「私學」為「塾師」。

38 王明蓀曾經總結元代儒士的取向為「下達之學」，並說，「許衡更明確地落實下達之學，以入德之門先於小學，而後繼之以四書，其他如姚樞、劉因、吳澄等莫不如此，是皆首重易知易行而普遍人間的日用之常，……元代士人之學術思想而言，幾

開始普及。

到了明代初期，漢人重新成為統治者，當來自漢族的歷史、觀念和倫理價值有了合法性和合理性，也有了現實的緊迫性的時候，這些理想才有過真正落實的樣子。儘管有學者已經指出，元明之間並沒有民族革命的色彩，所謂鼎革的民族色彩是後添上的[39]，但是，這種民族政權的變化，至少給了重新建設漢族文明的合法性與合理性。明太祖建國以後推行的一系列策略，很大程度上就是在延續漢族的傳統，更準確地說是用嚴屬的法家手段落實宋代的知識精英的儒家理想[40]。比如，《聖諭》六條體現的精神與道德約束、《大誥》的重典治國、關於喪禮應當遵照《文公家禮》的指令、關於禁止火葬、去蒙古化，要求士人倫理自覺的各種策略等[41]。當然我們也要注意，他也對經典儒

<hr>

手也盡在下達之學，對於精微義理似不欲作太大的努力了」。見《元代的士人與政治》，第五章《結論》，322頁，臺北，學生書局，1992。

39 〔日〕宮崎市定：《洪武から永樂へ：初期明朝政權の性格》，載《宮崎市定全集》，13冊《明‧清》，40-65頁，東京，岩波書店，1992,1999。錢穆也指出，明代政權並不是以漢族民族主義為口號來推翻蒙元的，華夷大防等民族主義的論調，要在成化年間（1465-1487）才重見於文人的筆下，見其《讀明初開國諸臣詩文集》《讀明初開國訪臣詩文集續篇》，載《中國學術思想史論叢》，第六冊，77-117頁、180-191頁，臺北，東大圖書公司，1978。又，張和平《明初諱元說析辯》也指出元明鼎革並不是一個漢族民族主義運動，對於元明之間政權變靈的民族主義解釋，是嘉靖、萬曆年間由於外患帶來的刺激，使當時人重新對歷史進行解釋的結果。見《明史研究》，第一輯，267頁，合肥，黃山書社，1991。

40 《大誥序》中說，「元處華夏，實非華夏之儀，所以九十三年之治，華風淪沒，彝道傾頹。學者以經書轉記熟為奇，其持心操節必格神人之道，略不究衷」，載〈全明文〉，第一冊，卷二十九，上海，上海古籍出版社，1992

41 參看《全明文》第一冊卷十至十三所收朱元璋諸文，卷二十九至三十一所收《大誥》《大誥續編》《大誥三編》。楊一凡〈明大誥研究〉中說，《大誥》的特點是「律外用刑」「重典治史」和「明刑弼教」，總之是以嚴屬的方式管理朝野，規範生活。又，可參考《劍橋中國明代史》第三章《洪武之治》中所記載的朱元璋修改和編撰律令、以皇族配天祭祀、編撰《臣戒錄》、下令全國祭祀孔子、頒布《大誥》以及《教民榜文》等等內容。

學的刻板規定和宋代精英的理想設計，做了很大修正，使其成為一種
維護專制皇權和重建社會倫理的理論依據。對理學原則在社會生活的
指導上作了相當大的妥協，使它變得比較容易施行和接受，這才真正
實現了「王霸道雜之」，並在很大程度上造就了明初所謂的「淳樸」
風俗。如《教民榜文》裏規定：

> 每鄉每里各置木鐸一個，於本里內選年老或殘疾不能理事之人
> 或瞽目者，令小兒牽引，持鐸循行本里。如本里內無此之人，
> 於別里內選取。俱令直言叫喚，使眾聞知，勸其為善，毋犯刑
> 憲。其詞曰：「孝順父母，尊敬長上，和睦鄉里」，教訓子孫，
> 各安生理，毋作非為。」如此者，每月六次。[42]

這種對於「最高指示」自上而下的宣傳、灌輸和鼓勵，以及明代前期
各種官方對不同的房屋、器用、服飾、禮儀的嚴格規定[43]，對宗教活
動的嚴格管理[44]，對鄉里組織的強化和重組[45]，加上後來他的繼承者

---

42 見《皇明制書》，卷九，臺北，文海出版社，19870參看明湯沐、柳應龍等編《新刊
　社塾啟蒙禮教類吟》卷六「鄉約卷」中關於鄉間宣讀《聖諭》儀式的記載，見《故
　宮珍本叢刊》，第476冊。

43 參看《明史·輿服志》《明史·禮志》對明初禁令的記載。

44 不過，對於道教崇拜的各種神鬼祭祀，最嚴屬的一個建議，是在明代弘治元年
　（1488）才由張九功提出來的，他的建議中說，道教的三清、紫微大帝、雷聲普化
　天尊、祖師張道陵、青龍神、梓潼帝君、北極玄武真君、崇恩真君和隆恩真君、金
　闕上帝、泰山、城隍等等，或有疑問，或為地方所祀，或為皇家祀典已有，或者根
　本無用，所以應當罷免祭祀或者合併於國家祀典，這幾乎是對道教神鬼系統的全面
　瓦解。見《明史》卷五十。就連今天還能看到的泰山碧霞元君祭祀，當時也幾乎被
　撤除，見張延玉等：《明史》，卷一八八《石天柱傳》，5003頁。

45 從洪武三年開始的鄉里組織重建，包括實行戶帖、保甲、坊長等制度，鄉里組織承
　擔了掌管戶口、防止逃亡、監督差役、編制黃冊、管理訴訟、實行教化等相當廣泛
　的職能，參看王昊：《明代鄉里組織初探》，載《明史研究》，第一輯，191-203頁，
　合肥，黃山書社，1991。

朱棣發布《聖學心法》，編撰《性理大全》《五經大全》《四書大全》，
確實使明初包括洪武、建文、永樂、洪熙、宣德時代，確立了從行為
到觀念、從生活到政治的一個相當嚴整的秩序[46]，而當時的士大夫也
積極參與了這一看上去符合自己一貫理想的社會秩序建設，使得明代
前期確實有了一種整齊有序的社會表象[47]，所以，在當時被看成是
「治世」，而被後代看成是淳樸的時代[48]。應該說，在某種意義上，它
確實造成明初的「移風易俗」，也使得在明代中後期的士人文章中，
以及他們編撰的地方志中，可以反覆看到他們關於明代初期風俗淳厚
的追憶[49]。可是，需要強調的是，在精英士人回憶中的這種「庬厚」

---

46 參看毛佩琦：《從〈聖學心法〉看明成祖朱棣的治國理想》，載《明史研究》，第一
   輯，119-130頁，同上書。文中認為，「整個社會應是一個以道德、禮教相約束，君
   君臣臣父父子子的有秩序的社會，可以說朱棣的治國理想便是儒家的政治理想」，
   這是對的，但是並不等於他放棄了「申韓刑名術數」，作者自己也看出這一點，實
   際上他並沒有放棄傳統的「王霸道雜之」。

47 關於這一點，可以參看明代丘濬的《大學衍義補》和《家禮儀節》，這兩部書，一
   從現念上對政治生活各個方面進行論述，一從儀節上對日常生活進行規範，在後來
   影響甚深。但是可能其重要性至今還沒有被充分認識，所以才造成了明代成化、弘
   治、正德幾朝在思想文化史上的缺席。這一點，承香港中文大學歷史系朱鴻林教授
   指教。

48 說得比較全面的，如《萬曆黃岩縣志》卷一《風俗》：「自是（明初）以來，士皆激
   昂奮勵，以禮義廉恥為先，以行儉名節為貴，非下愚不移者，必不屑自棄於貪墨躁
   競之途，民皆質直願愨，以耕鑿芻荛為生，以安土重遷為業，非貧困無聊者，必不
   肯自墮於商販胥徒之役。富貴之歸故鄉者，至城市必舍車而徒，見父老，必以齒為
   序。族稍大則直祭田、建宗祠，以為世守，婚嫁之擇，必先門第，弔死慶生，敦尚
   禮節，修風淳俗，彬彬然矣。」又，《萬曆通州志》卷二《風俗》引陳司寇《八
   書》，回憶弘治時代衣服、宴會、名刺、雅號、農事、訴訟等等方面的情況，如穿
   衣，「弘、德之間，猶有淳本務實之風，士大夫家居多素練衣緇布冠，即諸生以文
   學名者，亦白袍青履遊行市中，庶民之家，則用羊腸葛及太倉本色布」，說明在後
   人的回憶中，明代前期確實有一個符合精英理想的社會秩序。

49 加拿大學者卜正民（Timothy Brook）在 The Confusions of Pleasure: Commerce and-
   culture in Ming China (Berkeley and Los Angeles: University of California Press, 1998)

「儉樸」「尚德行，矜名節」的社會風氣，以及那個秩序井然的觀念世界和文化傳統，依我看，到明代中期就因為社會變化而結束了[50]。是不是這樣，還需要仔細地研究，因為這實在是一個大問題。

五　意義之三：拓展文化史思想史的資料範圍

再次，研究思路一旦改變，從關注「創造性思想」的唐宋一段，到關注「妥協性思想」的宋明一段，把注意力稍稍轉移到一般知識、思想和信仰世界的形成上，會促進文化史思想史研究的文獻資料範圍的拓展。我們知道，過去的文化史和思想史研究，大多是從士人的經典著作、精英的章奏表疏、理學家的語錄等等方面，發掘新的文化和思想現象。可是，如果你要關注一般知識、思想與信仰，關注思想與文化的制度化、世俗化和常識化，那麼，在這些習慣使用的傳統文獻

中，就曾經引用了明代張濤的回憶，他覺得明初是理想的社會秩序，到了土木之變以後，這種淳樸的風氣才漸漸變化。張濤的意見可以代表很多明代中期以後知識分子的看法。

50 應當說明的是，宋到明初的大趨勢，固然是中央皇權的增強，但是，同時另一個趨向是地方宗族士紳的權力也在增強，這兩種趨勢的演進，並不是非此即彼、此消彼長的，而是可以同時存在的。但是，在同時增強的大趨勢下，也有某一方面更加強化的現象，使得這兩種力量平衡被打破。如果說明初是朝廷皇權控制力的增強更引人注目，那麼，可以注意另一方面，首先是城市的發達和市民的增加，城市商品市場、自由風氣的發展抵消和瓦解了原來的控制；書院教育、新聞傳播、文化消費、文人結社等等，對中央有秩序的控制，從來是一種很厲害的腐蝕劑。另一個是宗族與士紳的勢力膨脹，一個象徵性事件是嘉靖十五年（1536）的夏言上書。這次上書要求承認庶民也可以進行祭祀始祖，這促使明中期以後地方宗族的士紳更進一步擁有地方宗族合法的自治權，而中央皇權的約束力相對小了一些，因此，明代中葉開始，社會生活風貌已經與明初不同了。關於後一點，參看〔日〕井上徹：《中國の宗族と國家と禮制：宗法主義の視點からの分析》，第二部第三章《祖先祭祀と家廟——明朝の對應》，第四章《夏言の提案——明代嘉靖年間における家廟制度改革》，147-199頁，東京，研文出版，2000。

裏面，可能有些找不著，這就逼得你要找更多的資料。這樣的視域轉變下，過去進不了文化史和思想史的東西，也許現在一下子就很有用了[51]。

　　宋代以後，那些原本是創造性的思想，漸漸地被官方接受，也漸翁通過普及教育傳播開來，更通過各種通俗文藝形式滲透到民間社會。要瞭解這方面的情況，你要去看各種相關資料，而這些資料不在原來熟悉的文獻裏面。過去，思想史研究常常用的是文集、語錄、著作，還有像《伊洛淵源錄》《道命錄》《宋元學案》這些資料，但是，現在如果要瞭解各個區域普通民眾的生活狀況和常識世界，你就要看更多的文獻，比如地方志、筆記小說；如果要瞭解日常社會生活，又要看各種家禮、家訓、族規，比如大家都熟悉的《朱子家禮》《袁氏世範》；要瞭解官方通過制度化的方式，推進這些觀念和風俗的情況，你又要看《宋刑統》《宋大詔令集》《名公書判清明集》《宋會要輯稿》等等。而元、明兩代的這一類文獻，又比宋代要多出很多來。隨意舉一個例子，像研究明代思想文化時，過去不會進入思想史視野的《楊氏塾訓》這樣的普通教材、《勸誡圖說》這樣的通俗圖書、《萬寶全書》這樣的知識普及型類書，都有可能從研究文獻的「邊緣」走向「中心」[52]。

　　最近，在視野所及的範圍，我看到一些在運用資料上很有啟發性

---

51 朱鴻林在《傳記、文書與宋元明思想史研究》中已經說到思想史資料範圍狹窄的問題，他指出，近世關於這一段的思想史著作都是以宋代理學興起和確立、元明陸王消長為主線，「以思想家為單元，人則給予傳略，書則給予節取」，所以「論述到永樂年間三部《大全》和清初《明儒學案》《宋元學案》編撰的學術和思想史意義，已是難得的高見了」，見《新世紀的中國歷史學——挑戰與思考學術研討會論文集》，香港，香港中文大學，2002。

52 近年吳蕙芳有《萬寶全書：明清時期民間生活實錄》，對《萬寶全書》有詳細的研究。

的論著，比如徐忠明的《包公故事：一個考察中國法律文化的視角》
一書。書中已經指出，「司法檔案、方志、鄉規民約、家規族法、戲
曲小說（特別是公案故事）、野史筆記、詩歌謠諺之類」，可以用來檢
討「平頭百姓的法律心態」[53]，他對「包公故事」的分析，也是一個
很成功的範例。我想，對於制度化的官方法律的理解、接受和變通，
背後就蘊涵了一般知識、思想和信仰的內容。當普通民眾接受了這些
精英倫理道德觀念支持的法律，無論他們是否真正自覺地擁戴它，這
個時候的社會秩序、風俗習慣、常識世界，就漸漸朝著士大夫精英的
理想轉化了。另外，我還看到一些專門討論宋代榜論文的論文，也很
有意思。榜論是一種官府公文，主要用來公布皇帝詔旨及官府政令。
宋代的榜論大致可以分為兩大類：朝廷的榜論和州縣地方的榜論。它
與士人理想的推衍和鄉村秩序的建立有很深的關係。在這些榜論裏
面，尤其是在《勸學文》和《勸俗文》裏面，你就可以看到，很多社
會風俗和習慣的變化，是怎樣自上而下地推行的；而在關於禁止、諭
賊的榜文裏面，你可以看到官方的推動下，什麼觀念和行為是被漸漸
壓抑下去的[54]；同時你也可以看到，在這種勸諭榜文中間，也寄寓著
士人「修身齊家治國平天下」的這種懷抱，以及推動整個社會「一道
德，同風俗」的理想[55]。

這類可以利用的文獻很多，如果打開這一視野，你會注意到很多
這方面的東西。再舉三個例子。第一個例子，是那些看上去簡單易

---

53 徐志明：《包公故事：一個考察中國法律文化的視角》，32頁，北京，中國政法大學
出版社，2002。

54 參看〔日〕小林義廣：《宋代の「勸學文」》，載《中國の傳統社會と家族（柳田節
子先生古稀紀念）》，295-310頁，東京，汲古書院，1993。

55 所以他們說，「父兄之所以願望於子弟者，豈幸一身而已哉？亦期於有成，將以幸
一家、幸一鄉，又推而廣之，幸一國、幸天下也」，見周行己：《勸學文》，載《浮
沚集》，《四庫全書》影印本，上海，上海古籍出版社。

懂、講大道理的上論，就是歷代皇帝頒佈的「最高指示」。這也是試圖「一道德，同風俗」的東西。這類以皇帝名義頒布的東西，最早可以追溯到北周宇文泰之六條[56]，後來，在唐代開元二十四年有《令長新戒》，再後是宋太宗的十六字《戒石銘》，再後又有明太祖《大誥》《教民榜文》，這大家都很熟悉。但是值得注意的是，到了明代，皇帝的訓誡對象從官員轉向了民眾，它要把原來主要針對士人的倫理道德原則，變成民眾的常識，這樣一來，原來精英理想中的社會秩序和生活原則就真正在制度化意義上被確立了[57]。第二個例子，是宋代以後大量出現的鄉約和家禮。曹國慶曾經說到，這種鄉約「濫觴於北宋藍田四呂兄弟，大張於里甲毀壞、社學失修、朱明統治出現全面危機的明中後期」。但是，從思想史的角度看，這種在鄉村推廣士大夫精英倫理道德觀念的努力，在宋代以鄉約的形式進行，而在明代初期，才被皇權接納並由皇帝，即中央的力量來推進，像《大誥》《聖諭》的宣傳和學習等。正如曹國慶所說，

　　目的都在於「和睦鄉里，以厚風俗」「呂氏鄉約的彰善、糾惡簿之設，與洪武申明、旌善二亭之立，形雖不同，用意也同歸。[58]特別是到了明代中期以後，這一鄉村風俗大壞、社學崩潰，而各種鄉約卻又大規模出現的現象，如果放在明代中後期社會變遷、王陽明之學開

56　「先修心、敦教化、盡地利、擢賢良、恤獄訟、均賦役」，據說他「常置諸座右，又令百司習誦之」，見李延壽：《北史》，卷六十三《蘇綽傳》，2230-2238頁。

57　這一做法，明代以後，仍然持續，比如清代康熙《聖諭》六條，以及《聖諭廣訓》等等，這些東西，過去沒有人研究，現在總算開始有人注意了，參看鄧雲鄉：《聖諭廣訓》，《中國文化》，1997年12月，第十五、十六期合刊；周振鶴：《〈聖諭〉、〈聖諭廣訓〉及其相關的文化現象》，《中華文史論叢》，2001年2輯。

58　曹國慶：《明代鄉約研究》，《文史》，1999年1輯。又參看曹國慶：《明代鄉約推行的特點》，《中國文化研究》1997年春之卷。

始萌芽的歷史中考慮[59]，也有相當深刻的思想史意義。至於家法、家禮一類[60]，據臧健的研究，宋代大量出現的家訓、家法、家禮之類，包含了「禮」和「法」兩方面，「宋代……法的作用與意義仍小於禮，無論是司馬光《書儀》《家範》，呂祖謙《家範》，朱熹《家禮》，楊簡《紀先訓》，還是袁采《袁氏世範》，趙鼎《家訓筆錄》，均偏重於理性的教養」，但是這些東西「從宋元到明清，經歷了家訓、家禮到家法的轉化，明清以後的家法，法的成分更重更明確」[61]。那麼，如果將本來是將經書之禮變成日常之履的訓誡，逐漸變成國家制度和法令支持的強制性約束的過程，放在中唐以來貴族社會和禮之教養的瓦解背景下，看成是一個由士紳到國家重建秩序的過程，是否也能夠解釋出很多思想史的意味？第三個例子，是宋明之間也不斷出現的很多宗教勸善書和功過格。這些宗教徒編寫的東西，卻傳達著儒家的觀念，那麼，可以探討的問題是，到底它與精英倫理德觀念的世俗化有什麼關係？它的出現，與儒家在宋代以後在士人階層中間漸漸重建權威性，佛教道教在社會生活和倫理道德方面不得不越來越依附儒家和採用儒家話語，有什麼關係？為什麼在中國宗教生活中，其凸顯神聖性的宗教戒律，越來越只能約束佛寺、道觀與出家人，而失去了對世俗社會的影響力？[62]

---

59 正德十三年（1518）王陽明行南贛鄉約，由於王陽明的緣故，這一鄉約對後來影響很大，見楊開道：《中國鄉約制度》，161頁，鄉村服務參考資料，山東省鄉村服務人員訓練處，1937。參看曹國慶：《王守仁與南贛鄉約》，載《明史研究》，第二輯，67-74頁，合肥，黃山書社，1993。又，《明代鄉約研究》，《文史》，1999年1輯。

60 據王爾敏介紹，《朱子家禮》在明代之所以能夠「廣行民間，與明代大儒丘濬有關」，他的《家禮儀節》八卷在明代相當流行。見《明清時代庶民文化生活》，53-54頁，武漢，嶽麓書社，2002。

61 臧健：《宋代家法的特點及其對家族中男女性別角色的認定》，《唐宋婦女史研究與歷史學國際學術討論會論文匯編》，138-150頁，北京，北京大學中古史中心，2001。

62 參看〔日〕酒井忠夫：《中國善書の研究》，東京，國書刊行會，1960。

六　小結：視域變化與方法變化

最後，我覺得這種研究視域或時段的改變，可能會引起文化史思想史研究方法的一些改變。

如果我們轉變研究思路，從把唐宋作為一個時段，到把宋明作為一個時段來討論，研究方法會有什麼根本轉變呢？以思想史為例，我們要看到，過去講唐宋思想史，其實是以哲學分析和歷史描述的方法來進行的，因為那個時段出現的新思想，還只是在精英思想世界裏面，為了周圍環境的刺激和回應剛剛被思考和創造出來的。它們常常是包弼德所說的「文學」的表達，並沒有真正成為普遍施行、接受和習慣的制度、風俗和常識，進入日常的社會生活世界。所以，過去的哲學史研究者，是可以把這些高明的理學家抽取出來，把這些高明的思想連綴起來，懸浮於生活世界之上，進行歷史敘述的。當思想被表達為文字，它就進入了被敘述的歷史，因此從韓愈、李翱，到周敦頤、二程、張載，從「原道」「復性」到「天理」，這確實是一個連續不斷的哲理思考的過程，因此，這樣的思想史研究，實際上常常是以我們稱為「哲學史」的方法來作為自己的敘述框架的[63]。

可是，當我們要轉過來討論宋明這一段時期的思想史，不僅討論當時新出現的各種思想觀念，包括被敵國外患所逼出來的「民族——

---

[63] 最近，余英時在新出版的《朱熹的歷史世界》中討論到這種研究的方法，在其緒論的最後一節，他說到，「以往關於宋代理學的性質有兩個流傳最廣的論點，第一，在『道統大敘事』中，論者假定理學家的主要旨趣在『上接孔、孟不傳之學』。在這一預設之下，論者往往持孔孟的『本義』來斷定理學各派之間的分歧。第二，現代哲學史家則假定理學家所討論的相當於西方形而上學或宇宙論的問題。根據這個預設，哲學史家運用種種西方哲學的系統來闡釋理學的不同流派。這兩種研究方式各有所見，但卻具有一個共同之點，即將理學從宋代的歷史脈絡中抽離了出來」。我大體同意這一批評。

國家」意識，包括道德倫理的嚴格主義觀念、理學家闡述的關於天理的體驗和人心的反省、內在超越的道德自覺等等被提出的思想語境和歷史背景，而且要討論這些思想的制度化、世俗化、常識化過程。那麼，過去以哲學史為中心的敘述方式就不那麼可用了，不可能只是用馮友蘭先生所說的那種「就中國歷史上各種學問中，將其可以西洋所謂哲學名之者，選出而敘述之」的寫法[64]，思想史必須和法律史、社會史、文化史、生活史、教育史、宗教史等等方面攜手，必須眼光向「下」。比如你要去研究精英思想的普及化，就要討論當時的鄉村教育中，塾師的來源和身份、私塾的普及與教學，以及一般教科書發生過什麼變化。於是你要與教育史攜手；比如你要討論當時社會中的佛教道教，是如何替代了儒家的部分職能，在日常生活包括婚喪嫁娶中成為重要角色，你就要與宗教史發生關係，甚至還要參考人類學家的田野調查資料；比如你要考慮日常生活史上社會活動與道德訓誡普及的關係，探討這種日常節日和慶典如何影響人的思想觀念，你就要引用社會史研究者的成果；比如你要研究某種秘密的民間習俗背後的觀念，你就要討論它為何與社會倫理道德秩序衝突而被官方嚴厲禁止，於是你就要進入法律史的領地。在這樣的廣泛的背景中，我們可以對宋代之經典文本、文人表述、法律規定，與民間社會生活之實際狀況作一個比較，並且引入地域差異、城鄉差異、階層差異等等因素，討論上層觀念為何、如何、何時具體化為制度、規則和習俗。

　　思想史研究在很長時間裏，變得相當狹窄和單一，近來這種狀況有一些變化的跡象。其實，學科界限的打破是一種必然的趨勢，在這種趨勢下的思想史研究不能畫地為牢。從宋到明，這個唐宋時代精英思想逐漸「妥協」而成為制度、風俗、常識的過程，也是思想的另一

---

64 馮友蘭：《中國哲學史》，上冊，1頁，北京，中華書局，1984。

種角度的歷史，也是文化史應當關注的領域。把我們過去僅僅注意
「創造型思想」的思路轉到關注「妥協性思想」這樣一個路數上來，
把我們過去僅僅描述「優秀文化傳統」的立場多少挪移到描述「一般
生活領域」的立場上來，也許能給文化史、思想史研究帶來一系列的
變化，包括研究領域、研究資料和研究方法各個方面的變化。現在，
很多文化史、思想史研究者已經開放了自己本來就不很嚴格的邊界，
開始注意到思想與社會、生活、制度、風俗的關係，那麼，如果再加
上這種觀察歷史時段的視域變化，能不能使我們的研究有更大的改
變呢？

中華文化思想叢書 A0100041

古代中國的歷史、思想與宗教　上冊

作　　者	葛兆光	

責任編輯　楊家瑜

發 行 人　林慶彰

總 經 理　梁錦興

總 編 輯　張晏瑞

編 輯 所　萬卷樓圖書股份有限公司

臺北市羅斯福路二段 41 號 6 樓之 3

電話 (02)23216565

傳真 (02)23218698

出　　版　昌明文化有限公司

桃園市龜山區中原街 32 號

電話 (02)23216565

發　　行　萬卷樓圖書股份有限公司

臺北市羅斯福路二段 41 號 6 樓之 3

電話 (02)23216565

傳真 (02)23218698

電郵 SERVICE@WANJUAN.COM.TW

ISBN 978-986-496-087-3

2020 年 11 月初版三刷

2019 年 1 月初版二刷

2018 年 1 月初版

定價：新臺幣 220 元

如何購買本書：

1. 劃撥購書，請透過以下郵政劃撥帳號：

　帳號：15624015

　戶名：萬卷樓圖書股份有限公司

2. 轉帳購書，請透過以下帳戶

　合作金庫銀行 古亭分行

　戶名：萬卷樓圖書股份有限公司

　帳號：0877717092596

3. 網路購書，請透過萬卷樓網站

　網址 WWW.WANJUAN.COM.TW

大量購書，請直接聯繫我們，將有專人為您

服務。客服：(02)23216565 分機 610

如有缺頁、破損或裝訂錯誤，請寄回更換

國家圖書館出版品預行編目資料

古代中國的歷史、思想與宗教 / 葛兆光著. --

初版. -- 桃園市：昌明文化出版；臺北市：

萬卷樓發行, 2018.01

　冊；　公分

ISBN 978-986-496-087-3(上冊：平裝). --

1.史學史 2.哲學史 3.佛教史 4.中國

601.92　　　　　　　　　　107001048

本著作物經廈門墨客知識產權代理有限公司代理，由北京師範大學出版社（集團）有限公司授權萬卷樓圖書股份有限公司出版、發行中文繁體字版版權。